Ayelén.
La alegría de mi vida

Ayelén.
La alegría de mi vida

Eliana Tardío

www.librosenred.com

Dirección General: Marcelo Perazolo
Dirección de Contenidos: Ivana Basset
Diseño de cubierta: Daniela Ferrán
Diagramación de interiores: Federico de Giacomi

Está prohibida la reproducción total o parcial de este libro, su tratamiento informático, la transmisión de cualquier forma o de cualquier medio, ya sea electrónico, mecánico, por fotocopia, registro u otros métodos, sin el permiso previo escrito de los titulares del Copyright.

Primera edición en español - Impresión bajo demanda

© LibrosEnRed, 2008
Una marca registrada de Amertown International S.A.

ISBN: 978-1-59754-394-1

Para encargar más copias de este libro o conocer otros libros de esta colección visite www.librosenred.com

Dedicatoria

A mis amados hijos, Emir y Ayelén, quienes han traído a mi vida la pasión, la intención y la razón para reinventar los caminos y aprender a ser feliz con los regalos especiales que nos da Dios. Gracias por existir, por inspirar mi vida a cada paso y por ser los hijos maravillosos que nunca esperé y a quienes siempre necesité para aprender a vivir.

A mi mejor amigo, esa persona que cada día me demuestra que la simplicidad para vivir es un don, que la resignación abre una nueva puerta a la esperanza y que el amor no tiene títulos ni necesita referencias para llegar y cautivar por siempre el corazón; el orgulloso padre de mis hijos, mi compañero y mi amado esposo Carlos Arabe. Gracias por confiar en mí.

Alguien me preguntó cómo se debe tratar a un niño especial, y a pesar de que cada padre tiene sus sueños, sus reglas y una manera singular de amar a su hijo, creo que todos coincidimos en que un niño especial debe ser tratado con amor, con respeto y con empatía. Antes de intentar que él te ame, debes amarlo tú, porque tal vez él no esté preparado para dejártelo saber. Antes de querer enseñarle algo, debes haber aprendido de él, porque quizá su mente no esté capacitada para entender.

Los padres de niños especiales esperamos que los demás acepten a nuestros hijos con amor, que los miren a los ojos, que comprendan sus diferencias y sus semejanzas, que reconozcan su lucha y que admiren su inmensa fortaleza al haber asumido el reto de vivir.

La mayoría de nosotros no tiene miedo a hablar, y aunque algunos no hemos cruzado la línea y aún guardamos la esperanza de que la discapacidad de nuestros hijos pase desapercibida, te agradeceremos mucho si los puedes respetar.

Trata a nuestros hijos de la manera más simple y sincera que puedas, porque, al igual que cualquier niño, los nuestros adoran jugar, sentirse seguros y dejarse amar.

Pregunta directamente lo que necesites saber; solamente evita las preguntas indiscretas y, por favor, aprende a entender que una pregunta mal cuestionada nos puede doler.

No todos estamos preparados para recibir miradas invasivas o para ver cómo alguien mira a nuestros hijos con dolor, porque aunque haya sido duro el día, los seguimos amando con todo el corazón.

Podrá despertar tu curiosidad esa carita o esa forma diferente de actuar, pero nunca olvides que bajo esa presencia existe un niño especial, hijo de alguien ajeno a tu vida que tal vez nunca conocerás, que lucha día a día por hacer de la vida un mundo de paz para darle a aquel hijo una esperanza más.

Nuestras vidas encierran muchos retos y no nos hace falta más; por eso, mientras más normal te portes, más nos ayudarás, y mientras más te pongas en nuestros zapatos, más nos entenderás.

Creemos que nuestros hijos son especiales porque lo son de verdad, y cada vez que sonríen llenan nuestra vida de felicidad, porque, al igual que los que tú amas, ellos se merecen la eternidad.

Cada día que amanece, abro los ojos y pienso que estoy sumergida en mis sueños, y a medida que despierto me doy cuenta de lo real de mis pasos. Muchas madrugadas, entre sueños, he caminado hasta el cuarto de mi hijo, lo he mirado mientras duerme, he revisado cada parte de su piel, peinando sus cabellos con mis dedos y pensando: "¿Cómo habrías sido si no hubieras nacido con síndrome de down?". Sueño con, un día, sentarme a su lado y escuchar su voz haciéndome preguntas, contestarle y parecerle tan inteligente y poderosa como lo fue mi madre para mí, e imagino cómo serían sus manos, cómo serían sus ojos, cómo sería su historia si todo hubiera sido diferente, y ya consciente, sigo caminando por la casa, abro una nueva puerta y en esa cuna color rosa veo a mi hija, y mientras la tomo entre mis brazos, disfrutando de su cuerpo gordito y de su sonrisa inconciente al reconocer mi olor, pienso una vez más: "¿Cómo habría sido la vida si Dios me hubiera dado ese segundo regalo de amor como una niña normal", y reviso en mi mente la misma carita, con los ojos redondos en vez de rasgados, y en mi mente la hago crecer y la pienso igual a mí, y después recuerdo que tal vez nunca lo será, porque también mi pequeña niña nació con síndrome de down, y vuelvo a ponerla en su cuna, mientras mi cerebro no cesa de analizar y piensa muchas cosas que sé que nunca serán, y me preparo para descubrir nuevos sueños, nuevos retos, nuevas fantasías y duras realidades.

Mi vida es inusual, pero no por ello es diferente; encierra muchos retos, pero también me ha dado muchos premios, y me pregunto: "¿Qué sería de mí sin esos dos ángeles de Dios?, ¿Quién sería yo sin ellos dos?". Jamás hubiera podido llamarme escritora, porque tal vez nunca nada hubiera tocado mi vida al punto de darme la inspiración para escribir. Quizá nunca hubiera sido madre, porque nunca me hubiera sentido así. Podría haber sido muchas cosas diferentes, pero sé que nunca hubiera sido tan feliz. ¿Qué hace el poeta si no conoce el dolor? ¿Qué hace el pintor si nunca se tiñe las manos? ¿Qué hace el amor si nunca experimenta la pasión? ¿Qué haría yo si mi Emir y mi Ayelén hubieran sido normales? No sé si sería la misma, pero sé que jamás habría sido mejor.

Seguiré sumergida en este sueño por siempre y cada madrugada revisaré cada uno de mis recuerdos, mientras los tomo entre mis brazos y siento cuánto los amo. Jamás renunciaré a la esperanza y en mi pecho vivirá siempre la certeza de que nacieron de mi amor y que son los hijos perfectos para mí. Llegaron a un mundo distinto, pero al mejor lugar y en el mejor momento para dos personas comunes que, gracias a ellos, aprendieron a vivir, a amarse y a sentirse gloriosas y bendecidas por el amor de Dios.

Les dedico este libro especialmente a mis hijos amados, Emir y Ayelén, el líder de mi alma y la alegría de mi vida, a quienes entrego mi alma, vida, corazón y todo lo que nazca de ellos.

Introducción

Este libro tiene dos introducciones, una que hice mientras era sólo un bosquejo y viene a continuación, como un inicio, y esta que están leyendo precisamente ahora, que es la inspiración de mi corazón cuando siento que he terminado de escribir y que estoy lista para sacar este segundo bebé que acompaña y celebra el nacimiento de mi segundo hijo, Ayelén.

Les parecerá interesante revisar cómo comienza, mientras hablo acerca de mi segundo embarazo, reviso mi vida, mis sentimientos, me siento fuerte y decidida al pensar que ya pasé la peor parte, y curada y dispuesta, decido tener un segundo bebé, totalmente segura de que a nadie le sucede por segunda vez tener otro bebé con síndrome de down.

Es evidente que, al dar a luz a Ayelén, nuevamente descubrí lo corriente y humana que soy, lo frágil de mis palabras, y vuelvo a caer en la depresión; sin embargo, soy una mujer más madura, más estable emocionalmente, y pronto descubro cuán valiosa es la llegada de mi hija y lo mucho que puedo hacer por ella como madre, como mujer y como amiga.

Esta es y será una historia interminable en la vida de mi familia, porque, a pesar de que hay días que se muestran tan cotidianos, no tenemos la receta ni sabemos lo que nos esperará mañana. Cada día aprendemos a vivir, descubrimos nuevos retos, desechamos algunos sueños y nos enfocamos en realidades que nos pueden hacer felices. Es una lucha constante, y es que, ¿qué es la vida sino eso? Qué aburrida sería nuestra existencia si no se nos presentará cada día un nuevo motivo por el cual vivir, por el cual ser mejores, por el cual crecer como personas, como seres humanos, como padres y como amigos.

Cada día que pasa me sorprende descubrir lo pequeña que puedo ser comparada con otros que viven dificultades sorprendentes y son indescriptiblemente felices. A todos ellos, muchas gracias por haberse cruzado en mi vida, y a Dios por haberlos puesto justo ahí, en el lugar preciso para verlos levantarse una y otra vez, y enseñarme a mí y a la gente alrededor cuán valientes y poderosos pueden ser los seres humanos cuando están decididos a amar sin condición.

Y para terminar y dar paso al comienzo, gracias a todo el que deja un poco de su tiempo para dedicarlo a leer un poco del mío. Soy una persona igual que cualquier otra y en las manos de cada uno de ustedes está la oportunidad de hacer escuchar mi voz y darles a los niños especiales la oportunidad de ser los adultos respetados del mañana.

Primera parte
Reflexiones que desencadena la llegada de Ayelén

2 DE NOVIEMBRE DE 2006

Muchas veces he llorado en la vida. Antes lloraba de infelicidad y decepción, pero desde el día que mi hijo nació, sólo puedo llorar de felicidad.

No soy nadie en el mundo, y aunque para algunos en un determinado momento signifiqué mucho, para otros nada y para la gran mayoría ni siquiera existo, descubrí que hay alguien que me ama incondicionalmente, me necesita y por quien vale la pena vivir y ser cada día un poco mejor.

Deseo que mi vida deje recuerdos, que la intención de darle a mi hijo un lugar en el mundo abra nuevas puertas y nuevos sueños para todos los niños especiales, porque cuando él nació con síndrome de down, y después de superar la crisis, me pregunté, como la mayoría de los padres: "¿Por qué a mí?", y el tiempo se encargó de darme la respuesta: nació en mi corazón el propósito.

Pese a que las circunstancias aparentan alejarlo a uno del camino, cuando el alma ha llorado lo suficiente, los ventanales se tornan cristalinos y el camino se ve más limpio y claro que nunca.

Las apariencias podrán mostrar niños discapacitados intelectualmente, frustración, problemas y una suerte que para muchos sería imposible de sobrellevar, pero detrás de esa máscara existen seres humanos, limitados intelectualmente, pero ilimitados espiritualmente, colmados de dones inexplicables, de sonrisas intensas, de manos débiles que aprietan el alma, de caricias frágiles que rozan el corazón y de capacidades que aún no hemos tenido la oportunidad de catalogar, por lo cual nos cuesta creer que existen.

Un mundo desconocido que elige a unos cuantos tomados al azar o tal vez con el conocimiento divino de que pueden ser lo suficientemente fuertes y apasionados como para reinventar el amor, y más aun como para aprender a compartirlo y hacer a un lado lo común para comenzar a creer que lo diferente puede convertirse en un maravilloso destino.

Y así, llena de esperanza, comienzo a relatar estos nuevos recuerdos, con la modestia de una mujer que será madre por segunda vez en un par de meses, que vive un segundo embarazo lleno de felicidad, pese a que su vida es totalmente imperfecta, con la incertidumbre de no saber qué esperar, y a cada paso, repetirse una vez más que, pase lo que pase, será capaz de amar, con miedo a veces y llena de fuerza otras, pero sobre todas las cosas, segura de que, suceda lo que suceda, ese nuevo hijo será *la alegría de mi vida*.

Mi primer hijo, Emir, sigue siendo la luz de mi vida. Los primeros días de marzo, conoceré físicamente a Ayelén. Emir es el líder de mi alma, Ayelén es la alegría de mi vida, y sin importar el mañana, no quiero olvidar nunca este día y lo feliz que quiero ser siempre junto a ellos.

Lo único que sé de Ayelén es que es una niña. No quise hacer los exámenes genéticos, porque desde el momento en que existe, la amo con todo el corazón y sería incapaz de dejarla ir. Sé que vive en mi vientre, que duerme poco y está todo el tiempo atenta a mi voz, a las caricias de su hermano y a ese constante correr de la vida de la madre de un niño especial. Ayelén ya lo sabe todo de mí: me escucha reír, me escucha llorar, siente cuando me enojo, cuando estoy triste, cuando tengo miedo y cuando trato con todas las fuerzas de luchar, porque a veces esa es la única opción.

Hay cosas que nunca cambiarán, y nuestros hijos nacen en ese mundo imperfecto, en el cual nuestros pasos son lo único cierto, un universo donde cada cual es dueño de su verdad.

Nunca podremos estar seguros de que nuestro modo de actuar es el correcto, pero, pese a todo, sólo nos queda una acción sin miedo a equivocarnos: *amar sin condición*, porque el amor es lo único que en la vida no permite errores. El amor es absoluto y es lo que mantiene latiendo este mundo.

Bienvenidos a la alegría de mi vida.

Una nueva alegría en la vida. La segunda oportunidad

Deseaba tanto ser mamá por segunda vez, darle a mi primer hijo la oportunidad de que aprendiese a compartir su amor con alguien que sería su hermano para siempre.

Después del nacimiento de Emir, por mucho tiempo quedé asustada y susceptible a un segundo embarazo; tenía mucho miedo de volver a tener un niño con discapacidad y no me sentía lo suficientemente segura de volver a vivir la desilusión, la culpabilidad y la desesperación de no poder dar la bendición de la salud.

Antes de ser mamá, alguna que otra vez observé en la calle cómo madres de niños con discapacidades cargaban otro bebé en su vientre, y aunque nunca lo compartí con nadie, porque vivía en un mundo totalmente ajeno, siempre guardé en mi corazón la duda de si después de un primer hijo con discapacidad volver a esperar sería un riesgo, una irresponsabilidad, una prueba de amor o un grito de rebeldía al mundo, un enfrentamiento contra la razón, que dice que no nos importa lo que lo demás piensen: seremos capaces de volver a amar sin condición.

No fue fácil ser padres por segunda vez. Yo sentí temor, y una y otra vez repasé la idea de que mi segundo bebé pudiese ser diferente a todo lo que esperaba. Necesitaba a gritos que alguien me diera fuerzas, que todos a mi alrededor me repitiesen una y otra vez que a nadie le pasa dos veces, pero sentí que, aunque sucediese lo inevitable, jamás podría renunciar a aquella hija que amo y con quien sueño cada noche y pienso día a día. Me siento egoísta a veces por desear tanto tener otro bebé, porque, en el lugar más profundo de mi pecho, lo que quiero es vivir lo que todos los demás y sentir que este segundo hijo me dará la tranquilidad de saber que Emir nunca estará solo.

El pediatra de Emir me recomendó hacer los exámenes genéticos antes de concebir. Otras personas ajenas y cercanas me recomendaron intentar y hacer los exámenes cuando ya el bebé estuviera en mi vientre y, en el peor de los casos, deshacerme de él si las cosas no salían bien. No hice ni lo uno, ni lo otro: hice lo que mi corazón me pidió y en las manos de Dios puse mis pasos. Ese 10 de junio de 2006, nos propusimos intentar quedar embarazados. Me sentí amada y bendecida, y fue en los primeros días de julio cuando comprobé la noticia. Me sentí feliz, serena, y una paz misteriosa llenó mi vientre. Desde ese momento, supe que llevaba dentro la alegría de mi vida.

Fue duro decir que no al ginecólogo cuando me ofreció el test genético para verificar si Ayelén venía con síndrome de down. Por una parte, vivo la incertidumbre de no saber si mi hija está sana, y por otra, nunca sería capaz de renunciar a ella, y tampoco sé cuán fuerte sería el dolor de esperarla sabiendo que no está bien.

Pero la vida sigue, y mientras descansan mis preocupaciones, paralelamente a mi barriga sigue creciendo Emir, y verlo cada día inventar un nuevo compromiso consigo mismo me llena de esperanza y de fe de que todo estará bien.

Siento la vida dentro de mí, percibo el amor. Mi nuevo embarazo es una nueva ilusión, es un nuevo reto, es una experiencia que disfruto, una sorpresa que anhelo conocer, y aunque todavía no se perciben grandes cambios físicos, me muero de ganas por comenzar a sentir latidos, pataditas, nueva sangre corriendo dentro de ese ser humano que me complementa.

Me he prometido a mí misma disfrutar esta experiencia, darme tiempo para sentir al máximo el amor, percibir hasta el más mínimo movimiento, escuchar con atención hasta coordinar nuestros dos corazones, soñar, esperar con ilusión, sentir la salud y la belleza de mi hija.

Me voy a encargar de que el latido de mi corazón se vuelva melodioso, de que mi cuerpo se convierta en el cojín más cómodo, de que todo lo que cada día comparto con Emir se clave en mi alma, de que Ayelén ya se sienta parte de nuestros juegos, de nuestros momentos, de nuestras almas. Sueño con que esté ansiosa por conocernos, por mirarnos, por tocarnos, por formar parte de nuestros besos, nuestros abrazos y nuestro amor.

La sangre comprueba que existe alguien creciendo dentro de mí. El amor certifica que ya la he comenzado a amar.

El amor sigue creciendo

Ya pasaron cinco meses y mi vientre está grande, precioso, perfecto. Un embarazo lleno de sueños, nuevas oportunidades y la prueba contundente de que los hijos son regalos que no limitan; todo lo contrario: inspiran para crecer.

Describo y detallo cada una de mis emociones, mientras escribo una columna mensual para una revista local, y veo cómo el mundo se mueve constantemente y cómo rápidamente nos encontramos descubriendo un nuevo día; nuevos amigos, nuevas ilusiones y cómo personas que ni sabíamos que existían de pronto se convierten en parte de nuestras vidas.

Hace varios meses atrás, en el intento por promocionar mi primer libro, hice llegar varios ejemplares a diferentes medios de prensa de la ciudad. Recuerdo que, con mucha emoción, recibí un mensaje de la única persona que me contestó. Su nombre es Euro Brito. Parecía ser el único que se tomó la molestia de leer aunque sea un poquito del libro, pero, por lo que haya sido, este señor me llamó y me dijo que él comprendía lo difícil que es conseguir un espacio cuando no son temas comerciales que afecten a todo el mundo. Así, me brindó un pequeño lugar en el periódico para el que trabajaba en esas fechas. Gracias a ese pequeño gesto de nobleza, conseguí una nueva oportunidad, junto a otro medio aun más importante que me cedió unos minutos en un programa local. Ahí conocí a otra persona muy especial. Su nombre es Adriana Lozada. Creo que esa fue la primera vez que me sentí *escritora*. Me dieron la oportunidad de expresarme, presentar el libro y dar a conocer a Emir. Más que orgullo, fue una inmensa sensación de conexión universal; sentí que esas personas que estaban allí reunidas entendían mi intención y me estaban dando una mano, a pesar de mi falta de experiencia.

Mientras se desarrollaba la entrevista, Adriana me preguntó: "¿Piensas tener otro hijo?". Fue una pregunta que me desconcertó; la sentí directamente como un cuestionamiento a mi alma. Yo le respondí: "Sí, justamente hemos estado pensando en ello", y aunque ciertamente lo habíamos discutido con mi esposo un par de veces, ese día marcó un recuerdo muy significativo para mí, porque por primera vez lo sentí realmente y recibí esa pregunta como un indicio de fe de alguien que creía que yo podía volver a ser madre y volver a ser feliz.

Al poco tiempo, quedé embarazada, y una vez más, por alguna casualidad de la vida, me volví a encontrar con Adriana, quien andaba en busca de una escritora para inaugurar la columna "Bebé a bordo" en su nuevo emprendimiento ejecutivo en la revista para la cual trabaja. Cuando le dije que estaba embarazada, me confió el trabajo inmediatamente y, una vez más, volvió a formar parte de un capítulo importante de mi vida.

Esta experiencia delata cuántas veces somos dueños del destino de alguien más; cuántas veces alguien está sujeto a una esperanza, a un gesto de fe nuestro para empezar a hacer realidad un sueño; cuántas veces, y aun pudiendo, decidimos no ayudar por no molestarnos, cuando ese pequeño acto puede cambiar la vida de alguien para siempre y no dejarlo morir antes de nacer.

Nuestro mundo está lleno de poetas muertos, de poetas que acallan su voz para no pasar el ridículo, de enamorados heridos que dejaron de amar para no volver a sentir el dolor, de almas piadosas que fueron engañadas por quienes se valieron de su amor, de personas pequeñas e imperfectas como yo que necesitaron vivir el dolor en quienes más amaron para aprender a amar por sí mismos.

A veces cuesta entender que nuestro grito de esperanza no sea lo suficientemente fuerte como para tocar los corazones de los demás; nos sorprende pensar que lo más importante no es lo esencial en la vida y reina en ella la parte comercial, la parte superficial y el vacío de quienes ignoran con conciencia realidades que pueden ser dolorosas.

La mayoría de los seres humanos podemos fácilmente pasar por alto las grandes responsabilidades que tenemos con el universo; preferimos evadir los problemas reales a asumirlos, afrontarlos y sentirnos responsables de su solución.

Es increíble cómo un padre pretende ser ciego ante la adicción, la degeneración o la autodestrucción de sus hijos; sin embargo, no es un hecho aislado, porque todos los días vemos cómo padres, e incluso nuestros padres, prefieren no ver a enfrentar a los hijos y tomarse la molestia de luchar junto a ellos para ayudarlos a cruzar la barrera del dolor.

A veces es más fácil hacer de cuenta que no pasa nada y esperar que los problemas de la vida se solucionen solos. Es más fácil ver la superficie de los sucesos y evadir el fondo, cuando es allá, en lo más profundo, donde se encuentran respuestas claras a los hechos que tanto nos molestan y que atormentan nuestras vidas.

¡Cuántas veces juzgamos sin inteligencia la actitud de las personas y cuán pocas analizamos el porqué! ¡Cuántas veces somos padres sobreprotectores, en vez de ser padres sinceros e imparciales que no tratan de defender sin pensar, sino todo lo contrario: pensar para hacer reflexionar!

Quien no se da cuenta de que está rodeado de seres humanos semejantes que en determinados momentos lo necesitan se priva del sentimiento más glorioso del ser, de sentir amor puro, de sentir agradecimiento profundo y sincero por un pequeño gesto que tal vez no toma más de dos minutos.

Todos estamos conectados. Una cosa lleva a la otra. Nadie se cruza en nuestras vidas por coincidencia, y nosotros tampoco nos tropezamos con nadie por error. Reconocer la que tenemos en la vida de los demás nos hace analizar nuestra misión en la vida, y tal vez descubramos que no nacimos para ser grandes o famosos ante los ojos del mundo; quizá nacimos para ser pequeños y vivir privados de muchos lujos materiales; sin embargo, hay algo poderoso que llevamos dentro que nos permite conseguir lo que queremos en la vida, y a veces, lo único que deseamos es la satisfacción del amor.

Los seres humanos podemos ser muy diferentes físicamente. A veces, la edad nos convierte en personas adultas o jóvenes, pero cualquiera de nosotros, sin importar la edad, procedencia o preparación, puede, en dado momento la vida, convertirse en la persona más especial, por un pequeño gesto de fe.

Existimos desde siempre

Para este día me fascina la idea de saber que mi hija está comenzando a pensar. Para las veinticuatro semanas de gestación, el cerebro humano se ha desarrollado al punto de permitir que el feto comience a sentir emociones. Me apasiona analizar esas ideas misteriosas, lo glorioso de la naturaleza, lo increíble que puede ser el amor.

Estamos tan conectados a nuestros inicios que está comprobado científicamente que el bebé, desde la concepción, comienza a aprender, ¿y qué va a aprender? Esa es la decisión personal de una madre, sin duda, muy personal, porque la responsabilidad es infinita, ya que el deber de cargar en su vientre un nuevo ser es indescriptible. Cada sonido, cada latido, casa sonrisa, cada lágrima, todos son sentimientos que transmito de manera permanente. Mi hija no sólo se alimenta de mi cuerpo; también se alimenta de mi alma y de mis pensamientos.

Nunca podré renunciar a ella, como ella jamás podrá renunciar a mí. Ya la siento parte de mi vida, y aunque en un inicio la sola idea de tener otro hijo me confundía, ahora comprendo lo equivocada que estaba. Algunas veces, sentí que no iba a ser capaz de tener más amor para dar, que Emir había congelado mis recursos para sí y que sería incapaz de volver a amar tan intensamente. Para mi sorpresa, el amor se multiplica, y aunque Emir nunca va a dejar de ser el niño más especial de mi vida, dentro de poco daré a luz a la niña de mis ojos.

¿Se ha puesto a pensar alguna vez cómo fue su concepción?, ¿cuáles fueron las reacciones de sus padres?, ¿en qué circunstancias comenzó su vida? Yo nunca lo había hecho, hasta hoy, hasta este día en el que comencé a percibir mi vientre como una persona independiente que, aunque incapaz de comunicarse explícitamente, implícitamente es capaz de decírmelo todo.

Me pregunto también hasta qué punto nuestros padres dejan de ser responsables de nuestras actitudes y desde qué momento debemos dejar caer la máscara de perfección que les habíamos pintado y comenzar a sentir que ellos, al igual que nosotros, son personas comunes, con errores, con traumas, con debilidades, capaces de equivocarse y darnos a veces principios de vida errados.

Hasta cierta edad, los idolatramos, hasta que un día nos damos cuenta de que no son perfectos. A veces nos molesta tanto descubrirlo que asumimos actitudes difíciles de manejar que empeoran la relación. Por su parte, para ellos es difícil hacer a un lado su jerarquía familiar y reconocer sus errores; entonces comienza una lucha familiar incomprensible en la que el hijo quiere demostrar que su desengaño le da el derecho a equivocarse como todos los demás.

Quien dijo que el hombre es el único animal que incumple sus reglas estará acertado por siempre, porque, además, es el único animal que se hace daño a sí mismo para castigar a los demás; es el único capaz de ser llamado *racional*; sin embargo, desde que existe, y pese a su pronto entendimiento, es integrado a una sociedad imperfecta que se agrupa en conjuntos manejados por reglas que algún día le permitirán sentirse seguro y saber cómo actuar ante el mundo. Lo gracioso de todo esto es que, a pesar de los principios claramente establecidos y hasta tallados en piedra, el hombre siempre encuentra la manera de engañar, mucho, poco, pero nunca nada. Se miente a sí mismo y renuncia a sus leyes para sentir, a veces, poder, pasión o placer. Todos tenemos bajos instintos y es fácil dejarse dominar por ellos, aunque sólo nos lleven, a corto o largo plazo, a sentir dolor.

Yo nunca he conocido una persona perfecta y me parece imposible pensar que algún hijo mío lo sea, más aun siendo hijos de dos personas totalmente imperfectas, pero creo que el secreto está justo ahí, en dejar que nuestros hijos sepan y entiendan quiénes somos realmente. No fingir, no evadir, no evitar; todo lo contrario: tratar, dejar que nos vean hacer el esfuerzo de pensar antes de actuar, hacerlos parte de nuestro orgullo al reconocer el error, permitirles equivocarse para aprender y nunca para dejarse vencer.

Tal vez, si crecen aceptando la inmensa capacidad que tenemos de errar y resarcir, de actuar bien y aun así a veces equivocarnos, quizás entonces, cuando crucen la etapa de la adolescencia, no les duela tanto sentirse susceptibles al error e inseguros del amor, porque sabrán que, aunque el amor es hermoso, tampoco se salva, y por muy grande que sea nuestro amor, también se equivoca muchas veces, tiene altos y bajos, luchas internas, y tampoco a él le gusta estancarse.

Y entre la confusión de lo bueno y lo malo que en ocasiones nos atrapa, volver al inicio es la única oportunidad de revivir y retomar la vida, ¿y cuál puede ser el inicio, si ya tenemos muchos años caminados? Esa es la pregunta: ¿cómo cambiar la vida cuando nos sentimos presos de nuestras costumbres, de nuestras rutinas, de nuestros errores; cuando nuestros errores son actitudes que hemos tomado ante ciertas circunstancias; cuando, una y otra vez, nos hacemos daño y sentimos que ya no merecemos salir de ese círculo en el cual creemos que viviremos por siempre? Ese es el claro momento para poner un *alto* y decidir cambiar para siempre o ahogarse sin esperanzas.

No sé cuántas formas habrá de decidir cambiar para siempre, porque cada uno tiene la suya, pero sólo hay una para ahogarse sin esperanzas, y es el miedo a progresar, a crecer, a cruzar la cerca y, finalmente, sacudirnos el lodo del cuerpo y decidir empezar a vivir de una manera diferente.

Las adicciones, la promiscuidad, la vida social para figurar, el cuerpo y las acciones frívolas son increíblemente manipuladoras. Mi madre decía que las personas comunes tienen suerte de no llamar la atención, y es verdad. Para quien nace habiendo superado la egolatría es un gran privilegio vivir una vida normal, sin necesidad de aparentar nada ni que la gente espere nada de ti. Es fácil equivocarse, fácil superarlo, fácil vivir, fácil aparecer y fácil desaparecer.

Somos hijos de la soberbia, porque todos nacemos siendo deseados hermosos. Ningún padre desearía tener un hijo feo, porque la primera asociación al éxito es la belleza exterior. Los traumas psicológicos de desilusión de una madre al ver a su hijo recién nacido y feito existen, ya que todos tenemos un cliché de cómo un hijo puede ser feliz. Consideramos infelices a quienes no tienen la dicha de recibir hijos normales, y es que si para los mismos padres de hijos con necesidades especiales es difícil aceptar la condición de sus hijos, ¿por qué no lo sería para los demás?

Pero hay una cosa mágica y milagrosa en todo esto, que fácilmente nos muestra que nunca sabremos realmente lo que es la felicidad. Cuando mi hijo nació con una condición de vida diferente, en un principio lo miraba y decía: "Es rubio, tiene los ojos azules, es hermoso…, ¿por qué nació así? Pudo haber sido perfecto, feliz, ¿por qué?". Y muchas veces escuché cómo muchas personas alrededor me decían: "Era sólo un poquito más. Qué lástima…". Y de repente, cuando Emir fue formando parte de mi vida, esa herida se fue cerrando poco a poco y cicatrizó perfectamente. Sé que alguna vez estuvo allí, ya que las marcas no las voy a poder borrar nunca, y me encanta sentirlas cuando tocó mi corazón, porque me recuerdan una y otra vez lo tonta que puedo ser.

Ahora siento que vivo un milagro de vida. Cada día despierto agradecida por recibir ese beso baboso de amor, por descubrir algo nuevo, por tener junto a mí a alguien que será mío para siempre, y ya no me siento sola, nunca más me sentiría así. A veces contemplo las manos de Emir y las veo gorditas, y me conmueven sus gestos y sus deseos de hablar, y se me enfría el alma cada vez que me mira a los ojos con esa mirada que me dice que él lo sabe todo, y que es mucho más de lo que yo jamás podré descubrir.

Se me hace un nudo en la garganta cada vez que pienso en lo frágil que será para siempre, me asusta saber que es susceptible al mundo y me alegra saber que su inocencia le ahorrará mucho dolor.

Trato de imaginarlo diferente y no puedo, no puedo renunciar a él. Lo amo hasta la médula, soy yo, volví a nacer en él y esa fue mi barrera, esa fue la realidad que me cambió la vida, y es como un premio que me encanta mostrar. Algunos los juzgan, otros los admiran, y ahí está, como los tatuajes que se marcan en el cuerpo y se mezclan con tu sangre para siempre.

Los sentimientos regulares simplemente aparecen y siguen su curso cuando se tiene un hijo normal. Lo más normal es amarlo desde el momento en que uno lo ve y para siempre. No hay preocupaciones, uno no se pre-ocupa de pensar en nada ni de sentir inseguridad. Es todo lo contrario cuando nace un hijo con necesidades especiales: los sentimientos se confunden y es uno quien decide cómo reaccionar y qué sentir. Yo decidí amar a Emir con toda mi alma y luchar por él para siempre. Me pre-ocupé en ese momento y me sigo pre-ocupando de su vida, cuando a veces lo único que debería hacer es disfrutarlo y amarlo sin tanto show. Es una dicha para mí saber que siempre voy a tener un compañero. Me imagino viejita con él al lado, pidiéndome una paleta o riendo sin parar por algo que para otros no tendría ningún sentido. Me lo imagino con amor y deseo no perderlo nunca. Quiero que él se vaya antes que yo y quiero llegar al Cielo y encontrarlo ahí, esperándome. Quiero que esa sea la única separación larga que tengamos en la vida, porque confío en que sólo Dios en su poder podrá amarlo más de lo que lo amo yo para la eternidad.

Los premios pueden ser a veces pruebas y las pruebas pueden significar premios. En ocasiones, los trofeos más codiciados encierran mundos de lágrimas y sacrificios, y los sucesos menos deseados llenan la vida de sentimientos maravillosos, despiertan pasiones y reviven el amor.

Cada persona tiene en sus manos la decisión de ser feliz, cualquiera sea el momento que le esté tocando vivir. Lamentablemente, el mundo en su mayoría está lleno de seres humanos autocompasivos que pierden su tiempo lamentándose, en vez de tomar la decisión de sobreponerse y luchar, y darse cuenta de que siempre hay alguien más afectado que nosotros, y también más feliz.

Somos tanególatras que, cuando algo que no esperábamos nos mueve el tapete de la vida, nos encerramos a llorar y lamentarnos, y necesitamos sentir que todo el mundo paró a observarnos y darnos la mano, cuando dentro de otros mundos hay seres humanos mucho más lastimados que decidieron en su momento dejar de sentir lástima por sí mismos y empezar a sentir pasión por vivir.

Mientras Emir crece, a veces me sorprendo preocupada porque no es lo suficiente alto o porque hay actitudes que definitivamente delatan que no es un niño normal; son esos los momentos en los que toco mi pecho y repaso con mis dedos la textura de la huella de su nacimiento, y me llamo la atención a mí misma, porque recuerdo que muchas veces lloré de desesperación cuando fue su vida la que estuvo en juego y no tengo derecho a gastar mi atención en trivialidades que para nada afectan su existencia.

Nunca podremos dejar de sentir lástima por alguien que está pasando un momento difícil, pero no le demos pésames ni más tristeza, aprendamos a darles a esas personas fuerza, verdad y objetividad para que sepan que los momentos son sólo eso, relámpagos que en la vida nos hacen temblar, pasan pronto, y aunque a veces su fuerza nos asusta o nos hace daño, la respuesta es seguir y no mirar atrás si no es para sentirnos orgullosos de lo mucho que hemos avanzado.

Cada vez que pase por uno de esos días, recuerde que pertenecemos a un universo en el que millones de personas han pasado y están pasando por situaciones similares o peores a las nuestras, y han conseguido superarlas porque así lo decidieron, y en vez de tener en el alma llagas sangrantes, tienen cicatrices orgullosas que estarán en su vida siempre para recordarles la fortaleza de sus corazones.

Ser perfecto

Lo mágico de la vida es despertar un día, encontrar a la persona perfecta y sentirte perfecto para ella. Ese día está cargado de felicidad: nos descubrimos soñando, amando y con una sensación indescriptible de pasión hacia alguien.

En muchos momentos de la vida nos sentimos deprimidos porque nos damos cuenta de lo propensos que somos a errar, lo frágil de la vida o lo incierto del futuro; nos sentimos solos y, de alguna manera, sentimos que no merecemos ser felices.

Sin embargo, pese a nuestros defectos, somos perfectos para alguien en particular, y en este inmenso universo hay alguien esperando por nosotros para ser feliz y sentirse perfecto también. Generalmente, las personas que nunca encuentran a alguien para complementarse y descubrir el amor son las que no pueden aceptar que tal vez nuestra media naranja está muy por debajo de nuestras expectativas mentales; quizás es demasiado normal y tiene demasiados problemas, pero, sin duda, será quien nos llene la vida para siempre.

El hombre que hoy es el padre de mis hijos llegó a mi vida sin aviso, sin intención, sin reclamos ni compromisos, y aunque nunca lo imaginé, fue la persona perfecta para encontrarme a mí misma y aceptar que había crecido y estaba lista para dar el próximo paso: convertirme en madre y mujer.

El día que nos cruzamos, lo que uno buscaba del otro era definitivamente algo que jamás pensamos lograr. Increíblemente, ese hombre imperfecto fue llenando mi vida de algo especial. Pasó poco tiempo, y cuando me di cuenta, estábamos viviendo juntos. Por primera vez en la vida alguien había llenado completamente mi corazón. No sé a ciencia cierta sus sentimientos, pero sé que le di mucho amor y estabilidad. El tiempo pasó como en un cuento y un día, al abrir la página, descubrí que estaba embarazada. Esa noticia fue inesperada, porque yo no me sentía preparada para tener un hijo; es más, creo que si las cosas no hubieran pasado así, tal vez nunca me habría dado la oportunidad de ser madre. Sentí mucho miedo a la fragilidad de sentirme madre, miedo a los inevitables cambios que trae consigo la maternidad, miedo a perder mi independencia, pero sobre todo, miedo a fundir mi vida con ese hombre para siempre.

La vida siguió cambiando. Nos mudamos de mundo cuando vinimos a vivir a los Estados Unidos. Yo recuerdo no haber estado segura de lo que era un hijo hasta el día que vi en mis brazos a Emir. Ese momento fue como un despertar para mi alma: nunca había amado tanto a alguien. Para entonces, también supe que Emir tenía una condición de vida especial, y al igual que todos los demás, él tampoco sería perfecto para nadie, excepto para mí. Aun así lo seguí amando y lo amaré por toda la vida, y su existencia me recuerda cada día que él es el hijo que siempre necesité, porque logró despertar a quien realmente soy; pudo en un segundo disipar todas mis dudas y mostrarme claramente el camino a seguir. Nació por una perfecta razón: para demostrarme que, para ser feliz, sólo hace falta amor.

Hemos luchado mucho y contra muchos en nuestra vida imperfecta. Somos seres humanos imperfectos viviendo una vida igual, pero no por ello dejamos de ser perfectos el uno para el otro, y nadie tiene derecho a opinar lo contrario.

Tenemos un hijo que para muchos sería mucho menos que perfecto, pero es perfecto para nosotros, lo amamos, lo aceptamos y nos sentimos orgullosos de él.

Esperamos una nueva hija, que estoy segura tampoco será perfecta, pero, pase lo que pase, hoy me acompaña la tranquilidad de saber que ella será perfecta para mí y yo seré perfecta para ella, como lo será para mi familia.

La perfección no es absoluta; nadie puede decirnos cómo esperarla. Somos nosotros mismos los que sabemos cuál es su verdadero significado en nuestras vidas, y por eso no debemos permitir que nada ni nadie nos afecte cuando decidamos cómo vivir o con quién. A veces necesitamos equivocarnos mucho para empezar a aprender; a veces necesitamos herirnos para saber cuánto daño podemos causarnos a nosotros mismos; a veces, sencillamente, necesitamos despertar un día y darnos cuenta de lo imperfectos que somos como para exigirle a alguien perfección y comenzar a amar a los demás con sus cualidades, sus defectos, sus miedos, sus dudas y todas esas cosas maravillosas que nos recuerdan lo frágiles que podemos ser y lo mal que podemos reaccionar ante el dolor, porque cuando en ocasiones aparentamos ser torpes o tontos, posiblemente lo que realmente estamos tratando es de no caer.

Ese ser humano perfecto en su vida no necesita títulos ni etiquetas, es sencillamente quien vendrá a despertar en usted la pasión por vivir, por amar, por luchar; es quien cada día le dará ánimos para mejorar, para lograr nuevas metas, para perdonar y para sentirse digno de ser amado. No espere un príncipe ni una princesa azul, espere alguien a quien jamás imaginó, alguien tan común y tan corriente como usted, quien cada día le recuerde lo duro que es vivir y lo fácil que es hacerlo al lado de alguien como ella o él.

Luchando juntos

Después de encontrar nuestra alma gemela, una de las tareas más difíciles es fusionarse para siempre. Descubrimos lo difícil que es complementarse, y el día que se supone seremos felices como nunca, nos sorprende la noticia de que el tan esperado y amado hijo que nace no es aquel con el cual soñamos una vez.

Cualquiera podría haber augurado una vida difícil, pero sufrimos, erramos, peleamos y llegamos al momento de estabilidad que necesitábamos para ser felices, porque todos esos momentos eran necesarios. Necesitábamos sufrir, llorar, recibir una bendición de la magnitud de nuestro hijo, renacer en el dolor, volver a creer y sentirnos capaces de crear la felicidad para nuestro mayor logro en común.

Y así seguimos luchando, pese a las críticas, pese a la gente, pese a la vida misma, y me enorgullece pensar que mi hijo nos hizo mejores personas e hizo de mí una mamá incondicional, y de mi esposo, el hombre que es hoy, un padre, un esposo, un ser humano que ha rescatado lo mejor de sí y tiene en el corazón cosas buenas para dar, y un alma dispuesta a aprender.

Cuando recibimos a Emir, al igual que para cualquier pareja, su condición fue una noticia difícil de asimilar, más aun porque todavía no poseíamos la estabilidad suficiente. Teníamos una relación joven, un mundo que apenas empezaba, y como muchos otros, la probabilidad latente de abandonar todo si las cosas no salían bien, pero fue así como las circunstancias nos hicieron entender que, además de un hijo, había nacido una inmensa responsabilidad que nos invitaba a unirnos, amarnos y luchar juntos por caminar, reinventar y descubrir un nuevo destino. Ambos pasamos por momentos extremos de culpa, tristeza, remordimiento y decepción. Fue un golpe directo al corazón, un despertar forzoso: una pequeña criatura que te exigía curarte para poder hacerte cargo de ella. Es una responsabilidad inmensa que a veces te confunde, y lo peor es que no viene sola, porque la confusión abarca a todos alrededor y para la mayoría es difícil *sólo callar* y esperar que sean los padres quienes cumplan las etapas normales de la decepción para luego darle paso a la aceptación y, por tanto, al amor. Recibir un hijo especial es un proceso, y para ello se necesita mucha paz y mucha unión.

Pero para seguir adelante sólo hace falta desearlo de corazón, aceptar las circunstancias y amar sin condición. Una vez que uno se enfrenta a lo que considera la peor pesadilla de la vida se aprende a vivir, a reconocer los errores del pasado y a sentir orgullo y satisfacción personal por haber aprendido a rescatar lo mejor de las circunstancias. El poder de la decisión es personal y la condición no crea el destino: son nuestras decisiones las que crean nuestra vida a cada minuto. Ciertos sucesos incomprensibles vienen a marcar un final y a darnos un nuevo inicio. Esos días lluviosos y tristes que después de la tormenta nos sorprenden con un arco iris de pasión son las situaciones que aparentan ser desoladoras y se convierten en las más maravillosas de nuestra existencia. Son los compromisos de amor que nos despiertan el alma y nos demuestran lo grandes que podemos ser y lo poderosos que somos cuando estamos escudados en el amor. Todo lo sucedido me ha dado mucho, y entre las enseñanzas rescato el poco poder que deben tener los demás sobre mi corazón y mis sentimientos; la fuerza que debe reinar para luchar por mis sueños; y lo fácil que es convertir cualquier día oscuro en un día de luz. El infierno al cual todos tememos no existe en el más allá; nuestro cielo y nuestro infierno los creamos a cada instante, y sigue cada paso que decidimos dar. Dios no nos castiga con fuego ni con dolor; somos nosotros mismos quienes nos castigamos cuando tomamos decisiones equivocadas que nos golpean y nos hacen sentir miserables. La conciencia es la parte viva de Dios en cada uno de nosotros y nadie puede ignorarla, aunque parezca que sí.

Amar es descubrir la belleza en los demás, porque cuando estamos decididos a amar, exigimos lo mejor: amor, respeto, crecimiento, superación. Amar no significa aceptar con mediocridad; amar significa luchar unos por otros, exigirse, darse, pedirse, y las formas de conseguirlo no tienen conceptos ni necesitan autorización de terceros. Sólo quien ama conoce la manera perfecta para entenderse, adaptarse y superar las crisis. El mundo de afuera no pertenece, y ante la imposibilidad de que todos entiendan nuestra posición en la vida, la paz deberá reinar siempre en el corazón; la mejor manera de conseguirla es amando y luchando por ser felices, a pesar de que muchos días sucedan situaciones incomprensibles.

Cada familia es un mundo y cada mundo debe ser respetado. No hay fuertes ni débiles; cada cual tiene sus fortalezas y sus debilidades. Eso es lo que permite el complemento del uno con el otro. No hay lugar para terceros. El mejor consejero es el amor. Es parar, pensar, perdonar y nunca dejar algo sin resolver. Los asuntos no resueltos son los rencores del mañana.

Es fácil dejar pasar la vida sin analizarla, cumpliendo tareas establecidas, anulando los sueños, pero aun más difícil es luchar, enfrentarse y vivir la incertidumbre de un mañana diferente. Ahí están los felices, quienes descubren en cada reto un nuevo día, una nueva esperanza; quienes atesoran pequeños logros sin miedo al fracaso, porque reconocen que el fracaso es sólo una obligación con la sociedad y los premios son las experiencias que obtenemos cada vez que decidimos enfrentarnos al destino.

Los sueños de hoy serán los retos del mañana

A mis siete meses de embarazo, recibí la propuesta para formar parte del Programa de Intervención Temprana para niños con necesidades especiales. Acepté con la mayor ilusión, y es que, a pesar de que espero que mi vida y mis prioridades pronto cambien, mi primer hijo despertó en mí una pasión inmensa con respecto a la discapacidad. A veces pienso y siento cosas extrañas, me pregunto por qué la vida me sigue acercando tanto a este mundo, y lo más raro, por qué yo no puedo renunciar a él.

El trabajo y los ingresos económicos fueron la gran excusa para posponer una y otra vez mi segundo embarazo; sin embargo, otra vez me siento útil, segura y haciendo algo que me llena y me hace sentir que no he parado de crecer, y que nunca dejaré de aprender.

Para la mayoría de las personas, incluyéndome a mí misma, sería ilógico pensar que a tus siete meses de embarazo eres sujeto de empleo, pero lo que me está sucediendo hoy demuestra una vez más que las únicas limitaciones que existen son las que nos ponemos nosotros mismos.

Sin duda, nuestros sueños de hoy serán los retos de nuestro mañana; sólo hace falta enfocarse sinceramente en algo para recibirlo en la vida. Necesitamos tener fe en nosotros mismos y el aliciente de sentir que cada vida tiene una misión y que cada sueño se puede convertir en realidad.

Siempre seremos los hijos de Dios y Él, al igual que usted en su papel de padre, sería incapaz de negarle a un hijo un deseo si en su corazón puede ver pureza y esperanza. Cuando usted así lo decida y se encuentre preparado para empezar a cumplir sus sueños, pídale a Dios con puntos y comas lo que necesita. Él se lo dará, pero prepárese, porque los sueños no terminan ahí: cuando se convierten en realidad, traen consigo obligaciones, responsabilidades y muchos requisitos para seguir creciendo.

Será por ese motivo que a veces da miedo despertar, porque nos asusta la idea de que algo añorado se convierta en realidad y pierda su misticismo. Existen personas a las cuales les encanta soñar, pero no están seguras de si serían felices convirtiendo sus sueños en realidad. Y es que lo añorado tampoco es perfecto. Nada lo es, todo tiene su lado claro y su lado oscuro. El enfoque es una decisión. Podemos enfocarnos en lo positivo, lo milagroso, lo inverosímil o sencillamente podemos vivir para encontrar pequeños defectos y enfocarnos en el lado negativo de las cosas, lo cual nos hará infelices para siempre.

La misma circunstancia puede ocasionar diferentes reacciones en diversas personas, todo depende de cómo usted decida recibir cada experiencia. Puede elegir estar listo para sacarle el jugo a la vida y encontrar la oportunidad a cada paso, o decidirse a sufrir y vivir amargado por el exterior, cuando todas las respuestas están dentro de usted mismo.

Uno marca su destino, uno se exige a sí mismo y recibe lo que cree que merece. No hay limitaciones. Usted es capaz de conseguirlo todo y los *peros* que dominan nuestras vidas son sólo excusas que nos imponemos para evitarnos el trabajo de despertar y empezar a luchar.

Los hijos no son limitaciones; los hijos son inspiración, son alegría, son la necesidad de ser mejores cada día, y me queda en el corazón la intención de que cuando deseamos algo de corazón debemos volver a ser los niños que escribían esas cartas interminables a Papá Noel. A mí nunca me llegaba el pedido completo, y mi mamá siempre me decía que seguro no me había explicado bien o que tal vez había olvidado poner el color o el modelo, y era por eso que Papá Noel había decidido no traerlo. Y de alguna manera esa tierna mentira tiene algo de verdad, porque es que cuando algo se quiere realmente no se nos debe pasar ni un detalle, porque mientras más específico sea nuestro sueño, más cerca estará nuestra realidad.

Para esta Navidad, yo pedí la hija perfecta para mí. Le pedí a Dios que nazca sana, que sea feliz, que tenga una misión en la vida y que complete nuestra familia; lo único que me preocupa es que no me atreví a pedirle que no nazca con síndrome de down.

Todos tenemos un pasado, un presente y un futuro

Todos, por nuestra condición de seres humanos, tenemos un pasado, un presente y un futuro; este debería ser el motivo de empatía más grande entre nosotros, sin embargo, es el más utilizado para tener un motivo de discusión o un divertido momento de crítica acerca de la vida de los demás.

Es gracioso ver cómo grupos de personas se reúnen para debatir un tema totalmente ajeno; todos creen conocer la respuesta y todos exponen su punto de vista acerca de la vida de un extraño. Una buena manera de entretenerse y pasar las largas horas de oficina, para quienes trabajan en una.

Sin embargo, nos olvidamos de que todos poseemos un pasado, y pese a nuestros errores, todos tenemos derecho a recapacitar y volver a empezar. No conozco hasta el día de hoy a ninguna persona que no haya errado en algún momento de su vida, porque los tropiezos no sólo los damos concientemente, también los damos inconcientemente; también los damos cuando confiamos ciegamente en alguien que actúa de manera diferente a lo que esperábamos; los damos cuando entregamos nuestro amor y nos devuelven desengaño; lo damos cuando nos entregamos y a cambio recibimos dolor. Eso no nos evita sentirnos culpables, culpables de creer, de confiar y de amar. A partir de ahí es que renunciamos al verdadero amor, porque nos molesta recordar que, a pesar de nuestras buenas intenciones, la vida funciona de manera diferente.

Por un lado están los que fácilmente aprenden la lección y dejan de ser inocentes para convertirse en personas duras que evitan cualquier clase de contacto que pueda volver a herirlas. Estas se protegen evitando las relaciones cercanas y concentran su existencia en algo que llene ese vacío de dolor; pero, por otro lado, están las que no se rinden y siguen creyendo en el amor; las que no se cansan de llorar y siguen errando una y otra vez por no morir sin sentir la pasión que necesitan para ser felices. Lamentablemente, en el camino se aprenden muchas formas de sentir y es muy fácil perderse; es también muy fácil hacerse daño y buscar maneras fáciles de ahogar el dolor.

Las últimas somos las personas más criticadas, centro de comentarios y alegaciones; sin embargo, pese a todo, tal vez somos las personas más felices cuando encontramos la felicidad.

Esos tontos reincidentes somos los que no nos cansamos de buscar el amor que nos haga sentir el éxtasis, de enamorarnos hasta los huesos, de no sentir miedo a errar, de comprender ante el asombro de los demás que, aunque aparentemos no tener nada, lo tenemos todo, porque lo vivido nadie nos lo puede arrancar del alma; somos quienes necesitamos vivir mucho para llegar a una conclusión, somos quienes a veces nos mostramos libres de reglas cuando reina en nuestros corazones el amor. Somos seres humanos que necesitamos situaciones extremas para vivir, para engrandecernos, para alcanzar esa luz que nos hace falta para respirar. Somos artistas de la vida, y aunque tengamos heridas en el pecho, bien valieron para llegar hasta aquí.

Todos tenemos un pasado y es nuestro pasado el que nos arrastró hasta aquí. Es grandioso despertar un día y darnos cuenta de que finalmente maduramos, de que finalmente encontramos lo que estábamos buscando, de que la vida no fue fácil, pero aun así no nos sometimos y a cambio tenemos lo que tanto buscamos. Es fabuloso despertar junto a la persona que amas, mirar en el cuarto de al lado y ver cómo tu hijo duerme, contemplarlo mientras no puedes creer lo maravilloso que fue Dios al entregártelo y darte la oportunidad de ser padre. Son esos los momentos en los cuales uno entiende que Dios nunca se rinde y que, pese a todos tus errores, es el único que sigue confiando en ti. Poder hacer lo que te gusta para vivir no tiene precio, inspirarte cada día y sentir que diste lo mejor de ti, que ayudaste a alguien a ser feliz y que a cambio eres feliz también.

Debemos mirar hacia atrás para sentirnos orgullosos de lo mucho que hemos caminado para llegar al presente. Nuestro pasado no debe convertirse en una llaga sangrienta; todo lo contrario: debemos comprender que todos nuestros pasos nos llevaron al lugar donde estamos ahora, y por muy duros que hayan sido los momentos que tuvimos que pasar, los necesitábamos para ser quienes somos hoy. Las personas que más erraron en la vida no son siempre las peores y tampoco las mejores, son sencillamente personas que necesitaron vivir situaciones diferentes para entenderse y que una vez que encuentran el camino no lo pierden nunca más. No debemos sentirnos culpables de haber necesitado más tiempo ni más vivencias para entender el amor o el dolor; cada cual es un mundo y cada mundo debe ser respetado por los demás.

Quienes más juzgan son quienes tienen más miedos, son quienes en muchas oportunidades se quedaron con la sensación de insatisfacción al no haberse atrevido a dar el paso que les cambiaría la vida para siempre. Es bueno saber de lo que se está hablando, es bueno saber que muchas de tus experiencias te permitirán comprender la actitud de tus hijos y te darán la oportunidad de llegar fácilmente a ellos para enseñarles a amar y a evitar que se hagan daño.

Si se mira así no es tan malo pensar en nuestros errores, si sabemos que el día de hoy tenemos experiencias que nos darán la oportunidad de pensar en la vida de manera más inteligente y trasmitirles a nuestros hijos la sabiduría y las enseñanzas adquiridas. La experiencia es la madre de todos los descubrimientos y no por ello está llena de premios. De la experiencia se rescatan siempre resultados que nos pueden enseñar qué hacer y qué no hacer para ser felices y dar felicidad.

Juzgar menos y amar más es el mensaje de este capítulo, que nos demuestra que no importa lo equivocados que estemos, siempre tendremos la oportunidad de rescatar lo positivo de nuestras acciones. Nada en la vida es absoluto, nada es completamente blanco o negro. La vida viene pintada de diferentes matices y rescatar lo positivo de cada uno de ellos es nuestra decisión. Algún día tendremos la oportunidad de ver nuestra historia pintada en un lienzo y tal vez nos sorprenda ver cómo van cambiando los tonos y cómo un negro oscuro puede desteñirse hasta convertirse en un hermoso blanco plateado. Ojalá esas sean las sorpresas de nuestra síntesis: descubrir cómo nacemos en un blanco brillante que poco a poco se opaca, ayudado por nuestro entorno; sin duda, cruza por momentos muy oscuros en el camino y de a poco vuelve fácilmente a aclararse para acabar nuevamente en una luz mucho menos clara que al comienzo, pero mucho más sabia y poderosa por todo lo vivido.

Todos estamos en el mismo nivel

Es erróneo creer que todos tenemos las mismas oportunidades cuando algunos nacen en el lujo y otros nacen en la pobreza. Es difícil creer que alguien que se encuentra bien respaldado económicamente no consiga cumplir sus metas, ya que, sin duda, el dinero juega un papel muy importante en el mundo. Pese a eso, todos nos encontramos en el mismo nivel ante los ojos de Dios, y las personas menos afortunadas monetariamente hablando no son inferiores. Dios equilibra la vida, de modo que cada cual tenga lo que necesita para salir adelante. A veces es difícil entender los caminos, pero existen y están allí por algún motivo. Podemos parar a pensar, mirar al vecino y preguntarnos por qué él gana más o por qué su carrera profesional es más exitosa, o por qué el Presidente llegó ahí si uno tiene mejores ideas políticas. Pero hay una pregunta clave para usted: ¿estaría dispuesto a hacer todo lo que estas personas hicieron para llegar donde están? ¿Está preparado para asumir esta vida de manera permanente o es sólo uno más de los que creen saberlo todo, cuando aún no sabe quién es usted mismo? Definitivamente, si le afecta el éxito de los demás, aún no ha descubierto el suyo y debe trabajar por conseguirlo. Y es que el éxito está lejos del dinero y para nada se puede medir por los ingresos económicos. El éxito está dentro de usted mismo y se vuelve un compañero constante; el éxito es una parte de su personalidad que lo obliga a exigirse satisfacción personal y lo acompañará para siempre el día que lo encuentre.

Tal vez un amigo al cual admiramos, por no decir *envidiamos*, tiene una familia fabulosa, una casa gigante y un trabajo espectacular; tal vez posee todo lo que usted quiere, pero, sin duda, dentro de ese reflejo de perfección existe en su vida un sinnúmero de retos que él ha sabido manejar y superar para poder lograr la estabilidad que todos buscamos. Existen otras personas a su alrededor que reflejan mucha felicidad y no cuentan con los mismos recursos económicos, pero quizá por ese pequeño detalle no sean sujeto de envidia para los demás. ¿Alguna vez ha evitado seguir soñando con la vida de los artistas que se pinta envidiable en las revistas y se ha detenido a pensar en la vida de los servidores de Dios, quienes cada día caminan anónimamente, dándoles amor a otros y siendo tan felices sin necesitar reportajes ni publicidad? No son mejores por haber decidido ser pobres de dinero, son mejores por haber decidido dar más a los otros y necesitar menos para sí mismos.

Quiero dedicar este capítulo a la persona que más envidio y admiro en estos momentos. Ella ni siquiera sabe mi nombre, y aunque el día que la conocí no le dije nada, me llevo en el corazón su inmenso amor para siempre. No sé su nombre tampoco, por eso no la nombro por él, pero aquí va la historia. Trabajo con familias especiales, familias que tienen en su vida un niño con necesidades especiales o condiciones que afectan su desarrollo normal. Aunque suene triste, es un trabajo muy reconfortante y con un ambiente muy feliz. Son aproximadamente veinte familias con hijos diferentes que actúan según sus posibilidades. Todos coincidimos en que Dios nos dio un gran reto y un gran premio de amor al habernos entregado a nuestros hijos; estamos unidos porque nos necesitamos para aprender más, integrarlos y sentir que no estamos solos, pero en todo este evento en el que decimos haber sido escogidos para ser *padres especiales*, hay alguien que Dios no escogió, hay alguien que se ofreció a él para recibir un niño especial, y es una maravillosa mujer que tomó en adopción a una niña con síndrome de down. No sé si esto le llegue al alma como me llegó a mí cuando lo supe, porque tal vez, sin el conocimiento de lo que es tener un niño especial, usted no pueda sentir lo mucho que esta mujer está haciendo por esa niña, pero, sin duda, es la mayor prueba de amor que jamás haya vivido. Póngase a pensar: cuando vamos a comprar alimentos para la casa, escogemos los más sanos, los más grandes, los más apetitosos; cuando vamos a una tienda, devolvemos inmediatamente lo que tiene algún pequeño defectito; cuando recibimos un regalo inadecuado, lo cambiamos por otro que nos guste; cuando recibimos un hijo especial, vivimos una etapa de dolor hasta que nos adaptamos y descubrimos el amor. Entonces, ¿por qué alguien querría escoger un niño con discapacidad, teniendo la inmensa oportunidad que otros no tienen, que es la de escoger a su hijo entre muchos que esperan por ser elegidos…?

Podría preguntarle a esta mujer por qué decidió tener una niña con síndrome de down, pero yo sé la respuesta, por eso no lo quise hacer, porque yo también tengo un niño especial, y aunque no lo escogí como ella, me reconforta y me engrandece su amor, y me imagino qué grande y sabio puede ser el corazón de un ser humano que elige amar a quienes otros rechazarían y cuán maravilloso es Dios cuando premia a las personas con tanto amor. Alguna gente alrededor puede comentar que no lo sabía cuando eligió a la niña, pero los milagros no son aptos para todos y no todos en el mundo estamos preparados para recibirlos como tales.

Es por eso que, lo que usted realice en la vida, hágalo con amor, hágalo por el milagro que significa en su vida, sin esperar la reacción de los demás. Para todas las personas, las cosas no tienen el mismo significado, y es por ese motivo que debemos vivir para nosotros antes que para los demás. No se deje despampanar por las cosas que parecen ser, concéntrese en las que son para usted; las ajenas son ajenas y cada cual tiene su manera independiente de ser feliz. La mejor manera de ser feliz es sintiéndolo en el alma y expresándolo en nuestras vidas. Las personas felices irradian felicidad, y aunque muchos no se lo expresen, es bueno pasar por la vida sintiendo que pudimos hacer algo especial por alguien más, y hacer que esa persona se sienta comprendida y reciba amor. Eso no le evitará sentirse mal pagado a veces, pero en vez de opacar su alegría renegando por la mala actitud de otros, ignore los malos resultados y concéntrese en el amor; estacione sus triunfos en ese momento que se sintió feliz y satisfecho consigo mismo, sin importar lo que suceda después.

Exceptuando a quienes nacen como *niños especiales*, todos nacemos en el mismo nivel de conciencia y podemos tener lo que queramos en nuestras vidas; nadie tiene más oportunidades, porque cuando descubrimos nuestra misión, dejamos de ser competitivos para ser espirituales. No midamos nuestro éxito en base a los demás; midamos nuestro éxito en base a nuestra felicidad y a nuestra capacidad de amar.

Antes de llegar aquí, Dios nos prepara con todo lo que necesitamos para ser felices. Algunos necesitarán más, mientras otros menos, pero ninguno goza de privilegios especiales. Asuma el reto de ser feliz, deje de culpar a los demás, no envidie, ame y sea feliz.

El amor nos permite ver la vida de otro color

A pocas semanas de ser madre por segunda vez, no puedo dejar de enfocarme en las relaciones y las reacciones de los demás padres con sus hijos. Los padres, por nuestro gran amor, tenemos el inmenso poder de reconocer las actitudes de nuestros hijos y entender su comportamiento ante cualquier circunstancia. Difícilmente podemos tacharlos negativamente si, al ser los forjadores de gran parte de su vida, podemos entender perfectamente por qué actúan de una manera u otra.

Yo tengo un hijo especial y entiendo que una de sus características especiales es su hiperactividad, y es que para quien escuchó que su hijo sería lento y poco activo es una bendición tener todo lo contrario, y aunque sabemos que Emir es bastante activo y exagera a veces, nos sentimos muy felices de verlo así. Lo aceptamos y lo amamos, a pesar de que a veces nos domine el cansancio. Muchos otros dirán que es un niño malcriado y con toda certeza habrá algunos cuantos que piensen tener la fórmula perfecta para lograr mejores resultados en él, pero, en fin, el hecho es que cuando hablamos de hijos, podemos ver en los ajenos errores imperdonables, actitudes negativas o hábitos incomprensibles, y de hecho pensamos que nuestros hijos son, aunque no perfectos, mejores que todos los demás.

Cuando escucho a alguien criticar a los hijos de los demás me pongo a pensar en lo poco empáticos que podemos ser en la vida. Juzgar a un niño por temor a enfrentar a un adulto no es una decisión saludable, creernos dueños de todas las respuestas tampoco lo es; sin embargo, caemos una y otra vez en la tentación y rara vez nos detenemos a pensar en nuestra vida fríamente como una realidad independiente.

Si por un momento utilizáramos el gran poder de la empatía para emitir juicios ante lo que los demás aman con pasión, aprenderíamos a entender a los otros. Ponerse en el lugar de los demás y sentir en su piel son tareas muy difíciles y poco probables, porque para ello deberíamos renunciar a nuestro ego y aceptar que esa persona, al igual que nosotros, comete errores o descubre verdades, basada en el amor.

Nosotros vemos a nuestros hijos de una manera especial, y sea cual sea la acción que realicen un día, siempre vamos a ser capaces de entenderlos, porque tenemos la gran capacidad de llegar a sus corazones y comprender el porqué de sus actitudes, y aunque a veces no las entendamos, las aceptamos, porque sentimos amor, el más grande y el más puro, que es el que se le tiene a un hijo.

Por esa misma razón, aprendamos a aceptar a los demás, aprendamos a no juzgar, tratemos de entender y no nos sintamos con el derecho de saber para aceptar. Enfoquemos nuestra energía en dar amor; no malgastemos el tiempo en tratar de imponernos. Cada persona es un mundo, cada mundo es individual y cada individuo merece respeto.

Nunca olvidemos que a veces el amor pinta la cinta de colores diferentes, y lo que nosotros vemos de una manera, otros lo ven de otra. Usted podrá creer que su actitud es correcta porque usted tiene un sentimiento y un significado para ella, pero no olvide que quien lo mira de afuera no cuenta con toda la información, y si juzga, con toda certeza será un mal juez.

Por ese sencillo motivo, no se convierta tampoco en el juez de los demás. Recuerde que *con la vara que midas serás medido.*

Tratemos de que la vara sea flexible y no simbolice crítica. Tal vez pueda convertirse en un medio de ayuda para extender la mano o para dar apoyo en vez de simbolizar la intransigencia de nuestra egolatría.

Festejemos el amor, la individualidad; respetémonos los unos a los otros y permitamos que cada cual sea el dueño de sus actos, en base a sus vivencias. Los hijos son el fruto sagrado de cada ser humano. Aprendamos a darles ese nivel y esa importancia.

Qué hacer cuando alguien enfrenta tus decisiones

Sería perfecto ir por la vida sin que los demás se sientan tentados a intervenir en las nuestras, pero es imposible. Por naturaleza, necesitamos compartir las experiencias, los sentimientos y comparar nuestras vivencias con las de los demás. Rara vez somos autosuficientes o estamos completamente seguros de nuestras acciones como para negarnos esta actitud; entonces, ¿qué hacer?, ¿qué hacer ese día que nos toca enfrentarnos al juicio directo de un conocido, o peor aun, de un desconocido?

Ayer, Emir despertó enfermo; el doctor le recetó un antibiótico. Estacioné el auto en la casa y para que ambos nos distraigamos un poco, lo llevé caminando en su carrito. Pedimos el medicamento en la farmacia y dimos algunas vueltas en el supermercado mientras estaba listo para recoger. Efectivamente, los ojos de Emir no se veían para nada bien y, obviamente, cuando un niño está enfermo se ve de manera diferente; a pesar de su buen humor, yo también lo vi muy decaído. Ya en la cola de la caja para pagar, delante de mí había una señora adulta, mayor de cincuenta o quizás algo más. Miró de reojo hacia atrás, y cuando vio a Emir, me repasó de arriba abajo con la mirada. Sentí un juicio lento y poderoso mientras me observaba. Yo también la miré fijamente, y cuando llegó a mis ojos, le sonreí. Me miró fijamente y me preguntó: "¿Y tu nuevo bebé también tiene problemas?". Pude haberle dicho: "Nooooo", pero algo poderoso llamado *amor* manejó mi humanidad; le dije solamente: "No lo sé. Espero que no". Ella me volvió a preguntar: "¿Cómo alguien se anima a tener un segundo hijo así?". "Ese es un pacto entre Dios y yo", le dije, y sonreí. Le dijo a la cajera: "Tiene un hijo enfermo y espera tener otro y que esté bien". La expresión de su cara decía lo absurda que le parecía mi vida. Pude haberme sentido adolorida, juzgada o afectada, pero decidí sentirme feliz por mantenerme dentro de mis principios y mis decisiones.

Increíblemente, en los momentos más críticos, la vida lo enfrenta a uno a las preguntas más directas. Tengo más de treinta y siete semanas de embarazo, sólo faltan tres para recibir a Ayelén y justo hoy me toca pasar por momentos que quieren hacer tambalear mi fe. Hace poco, mi esposo perdió el trabajo, se averió el auto, Emir pasa por una crisis nerviosa por la cercanía de la llegada del nuevo bebé y a mi alrededor suceden cosas raras, como la que acabo de contar. Es difícil mantener la calma y la esperanza; es una mezcla de sentimientos; tal vez es un buen momento para parar y pensar si esta fue la decisión acertada en mi vida, y entre el temor y la negación, me pregunto seriamente qué haría si Ayelén también naciera con síndrome de down, y la respuesta simple y sincera es: **no lo sé**.

También sé que son etapas cortas y necesarias para probar la fuerza; que cada vez que se supera un reto se abre una nueva puerta; la vida se fortalece ante las pruebas, el alma se vuelve poderosa, y cuando Ayelén esté finalmente entre mis brazos, voy a estar satisfecha, feliz y segura de que elegí el mejor momento para volver a ser madre.

No importa cuántas cosas pasen en el camino, debemos aprender a manejar nuestras decisiones para siempre. No debemos dudar ante las instancias de la vida. No le demos a nadie la capacidad de hacernos sentir que hemos errado cuando hemos actuado con amor.

Dios se enorgullece de quienes anteponen su nombre a la historia física. Podemos confiar en la ciencia inerte de espiritualidad o podemos tener fe en lo espiritual, que no tiene ni ciencia, ni realidad palpable. Esa es una decisión personal. Es más fácil creer en un estudio o en un papel que creer en lo sobrehumano, pero nunca dejará de ser milagroso arriesgarse a ser feliz y saberte ganador.

Tal vez no todo salga bien en la vida y tal vez no todos los días sean cuentos de hadas, pero un solo día en el que vuelva a nacer la esperanza y el amor lo vale todo.

Tengo miedo en ocasiones; sin duda, no soy perfecta, pero la mayoría de las veces tengo mucha fe y espero el amor sin juicios, no importa cómo venga.

Las etiquetas reprimen el amor

El hombre, por su inmenso don social, fácilmente se agrupa de acuerdo con sus necesidades, formando grupos comunes dentro de los cuales encuentra apoyo, seguridad y felicidad.

Es fácil identificarse con un grupo. Mientras más heridos están nuestros corazones, más propensos somos a identificarnos con alguien que está dispuesto a darnos unos centavos de amor. Ese es el principal motivo por el cual un sinnúmero de religiones ha aparecido para reclutar seres humanos golpeados por el dolor.

El más reacio puede despertar un día como miembro de una nueva iglesia en la cual jamás imaginó estar. Las cosas que un día rechazó, fácilmente pueden volverse parte de su vida, y es que cuando juzgó no imaginó terminar siendo parte de su propio juicio.

La mejor enseñanza de todo esto debería ser que nunca tenemos que atacar lo que desconocemos; podemos sencillamente desconocer, pero no podremos nunca entender hasta que no nos toque vivirlo alguna vez.

Cuán sencillo es emitir juicios de situaciones ajenas. Nos creemos dueños de todas las respuestas, más aun si estamos respaldados por los principios comunes de una agrupación; se reafirman las ideas y con facilidad un punto es fortalecido hasta lograr que las personas asuman una posición que ni siquiera conocen y mucho menos entienden.

Dios, en algún momento de la vida y en circunstancias muy distintas para unos y otros, nos da la oportunidad de vivir en carne propia el juicio, y es entonces cuando comprendemos que quien ama no juzga; quien ama respeta, se pone en el lugar de los demás y entiende que venimos al mundo a aprender, y aunque a veces es más complicado de lo que pensábamos, siempre existe alguien que está pasando por un momento peor, y aunque las apariencias muestren quizás un mundo desorbitado, dentro de esa imagen se encuentran millones de experiencias y sentimientos que empujan a las personas a actuar como lo hacen.

Hace poco, alguien me dijo que no debemos *justificar* el pecado, pero ¿quiénes somos nosotros para juzgar, justificar, acusar o perdonar, si todos nosotros estamos en la misma fila y es totalmente absurdo sentirnos superiores al sabernos parte de un grupo humano que en su búsqueda de poder se siente con el derecho de hacer dictámenes de vida?

Las etiquetas, lo único que consiguen es demostrar nuestras carencias. Decirse *X* o *Z* reprime la gran oportunidad de tener el alma y el corazón abiertos; reprime la inmensa oportunidad de ver con amor la oportunidad de darle a alguien la mano sin necesidad de juzgar. Lo que ahora tanto rechazamos puede ser la realidad de uno de nuestros hijos mañana, y tal vez recién en ese instante entendamos que el día menos pensado podemos estar viviendo una realidad que repudiamos y sentirnos heridos cuando alguien se cree con el derecho de juzgar lo que nosotros más amamos.

El milagro de la procreación nos viene a dar las lecciones más importantes de vida, amor y esperanza. Nunca seremos tan susceptibles hasta el día que nos convirtamos en padres, porque ni el ataque directo es tan doloroso como saber que un hijo está siendo juzgado por un tercero que no lo conoce ni tiene derecho a hablar de él.

Así como nosotros somos los dioses carnales de nuestros hijos, ellos simbolizan el dios que mueve nuestras vidas. Dios no es juez ni es soberbia, ni orgullo, ni egolatría; Dios es amor, algo que para muchas religiones es difícil de entender. Es difícil para un ser humano común sentir que Dios no necesita tanto show; que cuando habla de alabanza no se refiere a cantos rebuscados que se graban en CD y se venden para hacer millonarias a iglesias que dan vueltas por el mundo; que cuando habla de principios no habla de reuniones millonarias donde repiten como loros, sino de verdades interiores que guían nuestros pasos cada día. Para nada habla de testimonios de personas salvadas por la participación de otras, cuando la salvación está siempre como una opción latente en nuestros corazones y la decisión es personal y en compromiso con Él, sin que para eso se necesiten el coro y el tumulto de quienes aplauden. Muchos sentirán que esa es su verdad porque necesitan ese apoyo para fortalecer sus creencias y fijarse compromisos espirituales, pero no todas las personas tienen las mismas necesidades, y eso también es motivo de respeto.

El amor de Dios no juzga nunca. El amor de Dios es el amor más puro y profundo que todos sentimos por quienes más amamos; entonces, si Dios siente así, ¿usted cree que en algún momento sería capaz de ver con repudio o juzgar alguna de nuestras actitudes, más aun si Él tiene el inmenso poder de mirar en nuestros corazones y reconocer la verdad? Yo creo que no, creo que venimos a este mundo a aprender; somos seres humanos imperfectos. Si no somos lo suficientemente espirituales, nos vamos a dar golpes fuertes. Muchos podremos aprender tarde o temprano, otros necesitaran más tiempo, pero siempre habrá una nueva oportunidad, y es ahí donde todos los simbolismos físicos actúan: cuando en la necesidad de alguien podamos entregar amor.

Que nos una el amor, que todos podamos hablar el mismo idioma, que no haya para ello egoísmos, que no nos etiqueten los oportunistas, que el diezmo sea la donación de amor diaria que debemos entregar a quienes nos rodean con una actitud amorosa, con un poco de comprensión, con la aceptación de quienes amamos aunque no entendamos.

Yo tampoco quiero ser juez y tachar de equivocados a quienes se respaldan bajo el nombre de una religión. Cada cual es libre de tomar sus decisiones de acuerdo con sus principios y la fortaleza de su alma; sin embargo, no nos olvidemos de lo más importante en el camino: lo importante es amar, amar sobre todas las cosas y cada día caminar tomados de la mano de Dios. A veces, la soltaremos cuando nos sintamos lo suficientemente felices como para creer que lo necesitamos, pero en el momento menos pensado, el camino nos pone piedras en las que sin duda resbalaremos para volver a levantarnos tomados de Su mano, y aun así, pese a nuestros errores, Él siempre estará ahí para todos y cada uno de nosotros, dispuesto a darnos amor. No nos sintamos superiores; sintamos hermandad, empatía, altruismo, y comprendamos que no todos los seres humanos están en el mismo nivel espiritual, y que incluso las almas elevadas que ante nuestros ojos no brillan, porque no necesitan de ello, tuvieron que pasar por mucho dolor antes de llegar al momento en el cual se encuentran ahora.

Algunos días nos costará comprender por qué nos pasan las cosas que nos pasan, pero con fe y con paciencia podremos rescatar lo positivo de cada situación, sin importar lo oscuro que se haya mostrado al comienzo. No juzguemos ni tampoco nos sintamos juzgados; vivamos de manera tal que nuestra humanidad nos permita equivocarnos, aprender, levantarnos y seguir viviendo con un alma fortalecida y cada día mejor.

Siempre habrá tormentas y siempre volverá la calma. Hoy nació Ayelén

Ayelén, la alegría de mi vida, nació el 26 de febrero de 2007. Pesó 7 libras y midió 18 pulgadas. La sentí nacer de mí en todo su esplendor, porque decidí no recibir la epidural. Yo amo los dolores de amor, y así fue cómo ella salió de mí, sin anestesia de ningún tipo, ni siquiera para entender cuando la enfermera me dijo: "La bebé también tiene síndrome de down".

Han pasado tres meses desde entonces, y me parece increíble que la historia se haya vuelto a repetir. La enfermera que recibió a Ayelén me dijo: "Felicidades. Es hermosa", mientras en mi cabeza se golpeaban los sentimientos buenos y malos, y todos caían al piso, destruidos, quedando sólo vacío por dentro.

Creí que lo tenía todo bajo control, creí que estaba preparada si esto sucedía, pero no, nunca se está lo suficientemente preparado para saber que tu nuevo bebé, ese que esperabas como una nueva vivencia, también tiene una condición de vida especial.

Tengo grandes lagunas mentales de los primeros días en que Ayelén llegó a mi vida. Fue un *shock*, un golpe durísimo. Nunca había llorado tanto en mi vida, nunca me había sentido tan miserable, tan sola, tan vacía. Recuerdo una noche que salí al jardín, me senté en la hamaca blanca que hay en el pasillo y comencé a llorar y llorar, y aunque no quería hacerlo, le reclamé a Dios una vez más: "¿Por qué?, ¿por qué otra vez?, ¿por qué tanto dolor?, ¿por qué tantas pruebas?, ¿por qué tanto amor?".

Le reclamé a Dios el haberme quitado a la única persona que necesitaba en esos momentos; le reclamé haber permitido que mi madre muriera antes de haberme acompañado cuando más la necesitaba, porque esa es una duda que tendré siempre en mi corazón: saber qué me hubiera dicho el día que mis hijos nacieron. Tal vez la vida habría sido mucho más sencilla si hubiera estado allí, pero no estuvo, o por lo menos yo no la vi.

La ginecóloga que siguió mi embarazo me dijo: "Qué mala suerte", mientras me pasaba un pañuelo que le terminé devolviendo para que fuese ella la que secase sus lágrimas, al tiempo que me repetía una y otra vez cuánto lo sentía y lo incapaz que se sabía ella de tener un hijo especial, y más aun dos.

Salí del consultorio con un fuerte dolor de cabeza, pero ni una sola lágrima, porque ya no tenía más agua en el cuerpo para liberar.

Quería huir; definitivamente, me quería escapar. Me miraba en el espejo y veía una persona horrible, con los ojos hinchados e infeliz.

Me peleé con Dios, le prohibí mirarme o acercarse a mí. No entiendo bien qué fue lo que pasó, pero sé que Él nunca se alejó.

Un día, desperté y me asusté al encontrar una cunita al lado de mi cama; miré dentro y ahí estaba ella, tan chiquita, tan indefensa, tan tierna, tan bella... La tomé entre mis brazos y le pedí perdón, y la amé, la amé tanto que nunca más pude parar...

Mi hija tiene síndrome de down, tengo dos hijos con síndrome de down, y por increíble que parezca, soy feliz, y cuando los miro a los ojos, veo dos personitas hermosas, llenas de vida, llenas de amor, y lo más importante, me veo a mí misma y al hombre que será por siempre su padre.

Supongo que cuando le pedí perdón a mi hija, le pedí perdón a Dios, y sé que ambos me entendieron y me perdonaron de corazón, y una vez más comprendí que no tengo todas las respuestas, y aunque pensé que estaba preparada, me queda mucha vida por aprender y entender que los designios de Dios a veces traen dolor hasta que somos capaces de sobreponernos a las apariencias y comprender el verdadero sentido de su misión.

A veces todavía siento miedo por todo lo que aún queda por vivir, pero vuelvo a mirar ese par de ojitos azules y veo la luz, la esperanza y mi razón de existir.

El golpe fue duro, pero la reconciliación fue rápida. Me siento preparada para seguir creciendo al lado de mis hijos y tengo la certeza de que puedo hacer muchas cosas por ella. Dios preparó mi camino para llegar aquí y me envió pequeños mensajes de amor que me hicieron revisar la posibilidad de que Ayelén también tendría una condición especial.

La abrazo despacio, pero mi alma la aprieta fuerte, y estoy lista para seguir. Me pierdo en su sonrisa y comprendo que no me equivoqué al nombrarla *la alegría de mi vida*.

Acepto tu vida con amor

Para estas fechas, Ayelén acaba de cumplir su quinto mes. Nos sentimos muy orgullosos, no por las cosas que hace, sino por quien ella es.

Este segundo regalo de amor me ha enseñado mucho más, y entre las cosas más hermosas e importantes que puedo decir que he aprendido está *aceptar*. Perdí por completo la necesidad de desear que sea distinta a quien en realidad es. Aún con Emir seguía teniendo esa necesidad inconsciente de querer que luciera perfecto, que jamás se viese con la lengüita afuera o que su posición nunca denotase debilidad, pero con ella aprendí a amarla así y no me frustra saber que tiene diferencias y que otros advierten su condición, porque la amo gordita, llena de amor y, por supuesto, de mucha, mucha felicidad.

Disfruto tanto de esa sonrisita coqueta; de verla mirarme, mientras su lengüita traviesa sale a pasear; de observarla hacerse un ovillito, porque, a pesar de que su cuerpito tiene fuerza, no todos los días son iguales para ella. Adoro verla aprender, y gracias a ella encontré fuerzas en mí misma para dejarla crecer sin sobreprotegerla, y dejando partir ese sentimiento de melancolía por todo lo que no pudo ser y que una vez atesoré.

Con orgullo y certeza, puedo decir que disfruto de cada minuto a su lado, y jamás miraría atrás con insatisfacción o tristeza, a tal punto que creo que ella era lo que faltaba para terminar de entender y aceptar mi vida.

La miro y veo perfectamente todo lo que ella es; no hay lienzos que cubren mi mirada, y cada día que pasa soy más consciente de que de mi sensatez y mi fuerza para no mentirme a mí misma depende nuestro boleto a la felicidad.

No quiero decir que es más inteligente o más avanzada que otros niños regulares o de su condición, porque ella es sencillamente Ayelén y tiene un ritmo personal, y cada cosa llegará a su momento y ese será el momento perfecto para celebrar y alimentar el alma con una nueva esperanza.

¡Cuánto ha crecido desde el día que nació y cuánta felicidad nos ha dado! Sólo Dios sabe todo lo que aún queda por venir; este es apenas el comienzo, pero jamás podría haber sido mejor.

Hace unos días, mientras conversaba en la red con la mamá de un bebé de tres meses con síndrome de down, me preguntó qué había sentido cuando cargué a mis hijos por primera vez, al tiempo que me contaba acerca de las diferencias que ella percibió en relación a sus otros niños normales. Fue en ese momento cuando me percaté de algo muy íntimo entre mis hijos y yo. Emir, mi primer hijo, fue el primer bebé que yo cargué en la vida. Todavía recuerdo ese temor y esa alegría cuando lo tuve en mis brazos por primera vez. Él estaba en cuidados intensivos, porque no respiraba bien; entonces, la enfermera le quitó la mascarilla de oxígeno y lo puso entre mis brazos. Yo no sabía cómo sostenerlo y ella sonrió, mientras me decía que no me pusiese nerviosa. Yo le dije: "Es la primera vez que cargo un bebé", y ella me respondió: "Definitivamente, debe ser especial que tu hijo sea el primero". Y así fue. Ese hijo fue todo para mí, el primero por siempre, mi primer amor.

Pero eso no significa que no tenga un segundo amor ni que por ser el segundo sea menos importante, porque, haciendo a un lado los malos recuerdos y dejando en mi corazón los sentimientos positivos y el amor que sentí al ser mamá por segunda vez, cuando mi Ayelén nació, la tomé entre mis brazos, mientras la enfermera me decía: "Tenga cuidado, porque los bebés como ella son a veces difíciles de cargar, por la hipotonía". Yo la miraba y sentía como si toda mi vida hubiera cargado bebés como ella.

Cada vez que cargo un bebé diferente, siento que tengo entre mis brazos a uno de mis hijos, un hijo de Dios, y hay una fuerza tan grande en mi corazón que, sin importar cuál sea la diferencia, siento que Dios me dio el don de ver el amor en los niños especiales.

Esa es una buena razón para creer que tengo dos, porque los amo no sólo por ser mis hijos, sino por ser hijos de Dios, y creo en su misión como en la misión de cada uno de esos niños que vienen a este mundo para convertirse en inspiración y en lecciones de amor.

Yo nací para ser una mamá especial, tan especial como cualquier otra mamá, pero en mi mundo me siento realizada, porque ante mi impotencia de cambiar la realidad, siento que puedo dar felicidad, y eso es lo que mejor sé hacer.

No necesito nada más para ser feliz. No mido los logros por lo que veo, sino por todo lo que siento y soy capaz de crear, porque ahora entiendo que muchas de las cosas que me hacen feliz son cosas que sólo yo entiendo, porque las siento, y aunque muchos otros nunca las podrán ver, no por eso dejarán de existir.

Parte de crecer es creer, tener fe y no necesitar el tacto para sentir, ni el olfato para oler, ni los ojos para ver. Hay algo más poderoso dentro que nos permite percibir cosas mágicas, sin necesidad de usar nuestra humanidad. Ahí cerca está Dios.

Para terminar y colmar este momento de esperanza, quiero dejarles un pasaje bíblico (Josué, 1:19) que, sin importar sus creencias, dice algo hermoso:

No tengas miedo ni te acobardes, porque el Señor estará contigo donde quiera que vayas.

Dios es la fuerza que mueve nuestras vidas, y sin importar cuál sea tu dios, confía siempre en que hay alguien poderoso que estará contigo donde quiera que vayas.

Soy optimista

Alguna vez leí que el optimista es el pesimista mal informado; sin embargo, podríamos decir que en realidad es el pesimista quien a veces está mal informado y tiene ese optimista guardado en algún rincón de su corazón. Todas las actitudes y los pensamientos generan como resultado nuestra vida, y sin importar la circunstancia, si nos convertimos en personas optimistas, siempre encontraremos alguna oportunidad.

El pesimista es el optimista mal informado porque existe la misma probabilidad en ambos casos. Ser positivo o negativo es solamente una decisión. La estadística es una rama de las matemáticas que se ocupa del análisis y la interpretación de grandes conjuntos de datos relacionados con fenómenos que no pueden predecirse con certeza, y la vida de un hijo es uno de estos fenómenos.

Por estadística, y de acuerdo con el grupo de datos que componen la vida de la familia de la cual formo parte, se podría haber predicho un futuro distinto para mis hijos; sin embargo, a pesar de todos los años de progreso, el mundo aún no es capaz de prever ciertos sucesos. ¡Qué no diéramos los padres, los hermanos, los amigos, los seres queridos por que la ciencia hubiese alcanzado el punto tal de que con una pastilla fuéramos capaces de curar los padecimientos físicos de quienes amamos, o mejor aun, los dolores del alma, que son más difíciles de conocer, de descifrar y de entender! Pero la estadística sigue teniendo un gran margen de error, y es ese el espacio por el cual debemos luchar.

Ninguna ciencia existiría sin la excepción, porque sino, ni siquiera habría motivo de búsqueda, ya que todo sería muy fácil de interpretar. La excepción siempre existe, y en este caso en particular, tenemos en nuestras manos la oportunidad de crear la excepción en base al amor, el esfuerzo y la paciencia, y valga la aclaración, no sólo le hablo de niños especiales, porque todos tenemos la oportunidad de dar un paso adelante y salir de lo común para convertirnos en personas especiales, pero nunca para atrás, porque nos podríamos perder.

Incluso, a veces pienso que los seres humanos que están más perdidos en la vida, consumidos en las adicciones, las pasiones o las posesiones son quienes, en su deseo de no ser como los demás, deciden ser diferentes, pero en el camino se extravían, y cuando es demasiado tarde, recién se dan cuenta de que el paso debió haberse dado para avanzar en vez de para retroceder.

No podemos manejar todas las situaciones de la vida, pero podemos afrontarlas con positivismo y descubriendo que cada circunstancia encierra una nueva oportunidad. Mientras más abiertas estén nuestras mentes, más fácil será encontrar soluciones a los retos de nuestro diario vivir. No deje que la lógica maneje su vida, porque donde termina la lógica comienza la magia, y donde la magia comienza se abre una puerta llena de cosas inexplicables que hacen que sintamos que la vida no es sólo piel y huesos.

Hoy puedo afirmar que soy madre de dos niños excepcionales, porque se apartan de lo cotidiano, son únicos y especiales; porque mi decisión ante sus vidas es encaminarlos a un objetivo superior, en el que las limitaciones humanas pasen a un segundo plano y brille en sus ojos el amor, y cada vez que sonrían, el mundo que los rodea pueda sentir la esperanza, la fuerza y la cálida caricia de Dios.

Cada día, afirme una y otra vez las cosas que desea para usted y los que ama. En un principio le será difícil incluso pensar que se merece lo que dice, pero día a día descubrirá cómo ese sueño se convierte en parte de su vida y se materializa poco a poco, hasta abrirse su espacio, su tiempo y su satisfacción.

El mundo es de quien ama soñar y cada día hace algo por mantenerse despierto. Sueñe siempre con la firme intención de que sus sueños le den más que una sensación de letargo, una oportunidad de crecimiento y realización personal.

Mate el pesimismo, infórmese y busque siempre fuentes positivas, los testimonios inspiradores y la palabra de quien hizo la excepción. Hay miles de padres que han descubierto maneras inexplicables de conseguir logros maravillosos en la vida de sus hijos. Usted puede ser uno de ellos, porque ese es el objetivo de su hijo: el haber nacido para que usted renazca junto a él.

Los sueños forman parte de estar despierto

Mientras aún tenía a mi primer hijo en el vientre, me imaginaba todos esos eventos que uno almacena en los álbumes de fotos: el primer añito, el bautismo y el primer día de escuela, y sucedió que cuando él nació, y al conocer su condición, uno de los sueños que más me dolía perder era el regular primer día de escuela. Yo quería un primer día de escuela como cualquier otro: uniforme, mochila, lunchera, un peinado con raya al lado y una fotografía para siempre, y la confusión de los nuevos sueños y las nuevas realidades me hizo sentir triste una y otra vez acerca de ese espejismo.

Hace dos semanas, mi hijo comenzó la escuela en un mundo completamente real. Le compramos ropa, lo pusimos hermoso, lo peinamos con rayita al lado, le tomamos la fotografía más hermosa del mundo, y lo más sorprendente, nos regaló la sonrisa más perfecta del universo cuando lo dejamos en su salón de clase.

Como todos los padres del mundo, lloramos al verlo sentado en su mesita de clase, y para mi sorpresa, mi esposo lloró más que yo. Crucé la puerta del salón camino a la casa con el pecho más ancho y más grande. Me sentí orgullosa de mi bebé, de ese angelito de Dios que dio un nuevo paso hacia su futuro y hacia su felicidad.

Emir ya va a la escuela. Tengo un nuevo recuerdo para almacenar en nuestro álbum familiar, y no es para nada diferente al de los demás: los sentimientos son los mismos, con una poderosa inyección de satisfacción personal al descubrir que nuestro hijo es capaz de ser independiente y de sentirse seguro ante nuevas experiencias. Es un sueño más que se convierte en realidad.

Esta mañana, Emir tomó el bus escolar por segunda vez, y mientras subía las graditas de la góndola, mi corazón se estremecía viéndolo alejarse de mí y convertirse cada día un poco más en ese hombrecito de mañana. Antes de ocupar su asiento, volteó y me envió una sonrisa y un mensaje mudo de amor que me llenó el alma de felicidad.

Quiero terminar esta primera parte con este mensaje de esperanza que nace de lo más profundo de mi ser: los sueños son parte de la vida y no son una exclusividad. Sin importar la vida, las circunstancias o las condiciones de los que más amamos, siempre habrá sueños que inventar y siempre habrá días maravillosos en los que dejemos de soñar para sentir en carne propia una hermosa realidad.

Nunca deje de soñar.

Segunda parte
Poemas de amor
y cartas de esperanza

Esta segunda parte está llena de poesía
y esperanza, y reafirma el amor y pasión
por mis hijos y por todos esos hijos de Dios,
ángeles sin alas que Él deja caer para ayudar
a levantarnos.

Promesa de amor

En este día de sol y lluvia que me recuerda a cada instante la vida,
me prometo y les prometo a ustedes:
amarlos cada día más,
armarme de valor cada vez que los vea sufrir,
luchar sin descanso por ayudarlos a seguir,
mirarlos cada día y reconocer en ustedes la perfección y el amor de Dios,
enseñarles a tomarse de la mano para caminar juntos en la vida y descubrir el amor,
no dejarme vencer por el cansancio,
aprender algo nuevo de cada mala experiencia,
agradecerle a Dios cada mañana porque están aquí
y cada noche pedirle que los llene de salud y fortaleza para vivir,
nunca faltarles, pase lo que pase,
estar lo suficientemente cerca como para que sepan que los amo
y lo suficientemente lejos como para que sepan que confío en ustedes.
Y que aunque no son como "todos los demás",
estoy segura de que aprenderán a vivir y sembrarán amor a cada paso,
y cada día, nuestro Dios los premiará con el orgullo de existir
y haber alcanzado la felicidad.
Y tal vez algún día, en algún sueño,
Dios me haga realidad la dulce fantasía
de escuchar claramente sus voces, diciendo:

Eliana Tardío

"Te amamos, mamá".

Que Dios los bendiga, niños míos,
porque aunque no lo conozco bien
y a veces me enojo por haber involucrado la vida de ustedes
en Sus caminos,
lo sigo amando, pese a todo,
y confío en que, al haberlos elegido para ser diferentes,
los hace sencillamente especiales,
y llevan pintado en la cara Su deseo de que todos seamos
iguales
y juntos podamos ser felices.

Soy un padre especial

Yo soy un padre especial,
y te preguntarás por qué lo afirmo con tanta pasión,
y es que ese derecho me lo otorgó Dios
cuando el ser humano a quien yo más amo
nació con esa extraña condición.

Al poco tiempo de saberlo,
lloré con desesperación,
pero a medida que los días pasan
me lleno de pasión.

Y es que ese hijo que tú ves imperfecto
a mí me llena de amor,
porque cuando sujeta fuerte mi mano
me hace sentir el mejor.

Ese hijo que mientras otros miran se entristecen,
a mí me ha curado el corazón,
y cada vez que sonríe
siento que me ilumina más fuerte el sol.

Ese pequeño que pasan los años
y aún no ha aprendido a hablar
me ha recitado los mejores versos
que un poeta jamás podría igualar.

Eliana Tardío

Ese mezquino que a veces evita mi mirada
siempre guarda la mejor
para perforarme el alma
cuando menos lo espero yo.

Tengo otro con los ojitos rasgados
y no es de China, ¡no!,
es tan solo que sus rasgos lo identifican
como uno de los más especiales hijos de Dios.

Otro día vi uno que no respira solo
pero tiene alientos para vivir,
y mientras lo miraba a los ojos
me hizo sentir feliz de existir.

A veces, la gente piensa que estoy loco,
porque mientras cargo a ese bebé
que tiene el cuerpo de hombre
porque nunca paró de crecer
sonrío efusivamente,
mientras no paro de correr,
porque descubrí que lo amo con toda el alma,
aunque nunca lo veré ejercer.

Y cada vez que alguien se acerca,
espero que me dé una felicitación
por haber sido elegido por mi Padre
para amar a un hijo especial de Dios.

Y es que no acepto recetas, condolencias ni dolor,
sólo recibo pergaminos, abrazos y palmaditas de amor,
porque soy un padre orgulloso
de haber recibido el honor

de tener un hijo especial
que me ha dado el gran favor
de aprender a amar a los otros
como sólo lo haría Dios.

Mírame a los ojos
y no sientas temor.
Te sorprenderá lo limpio de mis retinas
y lo brillante de mi corazón
que resplandece a través de mis pupilas,
buscando una ilusión
para aceptar que la vida es linda,
sin importar la condición
con la que Dios te regala un hijo,
si también es hijo de Dios.

Mira a mi hijo con esperanza,
porque donde existe la vida
siempre está el amor,
y quien ama sin prejuicios
jamás siente dolor.

Y si algún día lo sientes,
ojalá te enseñe el verdadero amor.

Carta de amor
para mi amada Ayelén

Amada niña mía:

Todavía me sigue pareciendo increíble despertar cada mañana y encontrarme con tus ojos, esos ojitos azules que me miran el alma y me recuerdan que existo para ti y tú lo haces por mí. De repente, pasó el tiempo tan deprisa… y cuando te recuerdo en mi vientre, no puedo creer que esa ilusoria larga espera haya quedado en un dulce recuerdo del haberte sentido crecer dentro de mí.

Recuerdo como si fuera ayer el día que naciste: tanto dolor unido a tanta alegría, sentimientos tan encontrados que marcaron el inicio de tu existencia en este mundo tan duro. Cuando sentía que te paría, en mi cabeza se repetían una y otra vez las mismas palabras: "Dios mío, que esté sana, que esté sana…", y cuando te vi ahí, toda bañadita en sangre, cerca de mí, pensé: "Todo va a estar bien…", y ya mi corazón sabía que, pese a todo, íbamos a ser felices. Cuando la enfermera me dijo: "Estoy orgullosa de ti, la bebé también tiene síndrome de down", mi alma le contestó: "Lo sé". Unos segundos más tardes, reaccionó mi conciencia, la tomé de la mano y le dije: "Repítame lo que me dijo". Pude ver en sus ojos las lágrimas y la pena que sintió por mí, y a pesar de todo, sé que era la segunda vez que me sentía tan feliz.

Nunca voy a olvidar la expresión en la cara de tu papá. Ese día me va a recordar para siempre por qué me enamoré de él y lo elegí para ser el padre de mis hijos. Recuerdo haberle dicho:

"La bebé tiene síndrome de down". Aparentemente calmada, cuando por dentro me moría, se me grabó en el alma esa sonrisa inocente que me dijo: "No importa, es bella, todo va a estar bien". Yo creo que, si no hubiese sido por esas palabras, me habría desvanecido en ese mismo instante. Fue un golpe duro para mí, mi niña, y no porque no te ame; todo lo contrario: porque te amé desde siempre y quería todo lo mejor para ti.

Antes de nacer tú, me preguntaba muy a menudo cómo sería para ti tener un hermano especial. Tejía historias en mi cabeza en las que te veía tan diferente a tu hermano y revisaba a cada momento las palabras con las cuales explicarte que nunca serían iguales… Gran sorpresa gran cuando me enteré de que no haría falta detallarte diferencias por las similitudes que compartirán para toda la vida, si son dos gotitas de agua, puras, chiquititas, con esos ojitos preciosos del color del mar.

Y por todo esto que ha sucedido entre nosotras en estos dos meses en los que naciste para mí y yo renací para ti, decidí escribirte un manual de amor que contestará las preguntas más importantes que creo me harás algún día.

Todo esto es para ti, mi muñequita, para decirte que te amo como a nadie y que siento mucho si alguna vez dudé de si podría amarte tanto como a tu hermano, porque los amo a los dos y para mí son los hijos perfectos, aunque yo no pueda ser tan perfecta como quisiera ser para ustedes.

La primera pregunta:
"Mamá, ¿qué es el síndrome de down?"

El síndrome de down es un conjunto de síntomas con los cuales nace una persona, y ocurre porque hay un cromosoma extra en tu organismo. No creo que te interese saber más a fondo de este tema, porque realmente no se puede hacer nada por cambiarlo, y al igual que tú y tu hermanito, cada día, de ochocientos niños, nace uno con síndrome de down.

El síndrome de down hace personitas un poco diferentes físicamente, fáciles de reconocer entre los demás por algunas características que los identifican. Los niños como tú comparten un lazo fraterno incomprensible, porque, a pesar de que son hijos de diferentes papás y mamás, tienen un parecido que los une como hijos de Dios.

Los niñitos como tú tienen los ojitos rasgados, son un poquito más pequeños, y a pesar de que a veces nacen con algún problema en los ojitos, en el sistema respiratorio o en el corazón, son tan fuertes y tan poderosos que se sobreponen a cualquier reto y siguen adelante, luchando cada día por ser felices. En el camino, se convierten en seres humanos valerosos, felices, y que por su inocencia y simplicidad aprenden a disfrutar y sentir la pasión de la vida en la piel.

A nadie le gusta el síndrome de down, pero ni tú, ni tu hermanito, ni ningún otro niño son un *síndrome*; ustedes son niños como todos, y al igual que cualquier persona, te tocará vivir muchas experiencias, algunas fáciles, otras difíciles, y te encontrarás en el camino el amor, el respeto y el cariño, o alguna vez el rechazo; sin embargo, estas no son situaciones concernientes a tu condición ni a ti misma, son sólo hechos aislados que muestran a las personas por lo que llevan dentro, y en todo lo que yo pueda, trataré siempre de enseñarte a tener fe y a celebrar tu vida como un milagro de amor.

Los niños como tú son inmensamente especiales. Cuando pequeños, les cuesta un poquito más crecer, sentarse, gatear, pararse, caminar y hablar, pero, en el camino, las personas como yo aprenden de ustedes los maravillosos dones de esperanza, paciencia y amor. Siempre llega el día en que se alcanzan las metas y son esos los momentos en los que uno como padre se siente tan, pero tan feliz.

A veces, uno identifica un niñito con down porque tiene la lengüita afuera, pero cuando uno tiene un niñito con síndrome de down, uno se llena de alegría cuando esa lengüita pasea para salir a mostrar su amor; otros lo identifican porque los niñitos con down son gorditos y esponjosos, pero cuando se es mamá o papá se reconocen esos rollitos como gorditos de esperanza, y esa piel delicada, como la caricia más perfecta que da el amor.

En algún momento, en el camino, te encontrarás a alguien que te mirará y no te considerará digna, y la mejor manera de demostrarle lo contrario siempre será seguir siendo tú, mantener la cabeza en alto y el corazón lo suficientemente limpio como para no juzgar y tan solo amar.

Tienes una tarea muy importante en la vida, y es que, gracias a ti y a todos los niños especiales que nacen cada día, el mundo aprende a tener conciencia, abrir su mente y reconocer lo afortunado de ser y existir. La fuerza y el poder que desprenden las personas como tú nos dicen cada día cuán amplio es Dios y cuán grandioso es ser su hijo.

No todas las personas saben lo que te acabo de decir, pero tú, pese a todo, siempre sigue sembrando, porque estoy segura de que un día no muy lejano podrás empezar a cosechar.

La segunda pregunta: "Mamá, ¿a quién me parezco yo?"

Bueno, mi chinita, esos ojitos azules los heredaste de las abuelitas, ambas mujeres hermosas y de ojos claros. La abuelita Zulema, que era mi mamá, se fue hace mucho tiempo atrás al Cielo. Juraría que la conociste antes de llegar aquí y para nada me admiraría saber que tienes algo más de ella que ni siquiera yo sé. La abuelita *Guingui*, la mamá de papá, te quiere como a nadie. Creo que ella te amó desde siempre y confío en que será tu madre si algún día te falto.

Lo almendrado se puede decir que tiene un poquito de los ojos de papá, aunque, ciertamente, siempre pienso que lo heredaste de Dios el día que decidió darte esos rasgos que te hacen tan especial. ¿Quién asegura que Dios no comparte esas características preciosas que tienen los seres humanos con alguna condición especial de vida? ¿Qué tal si esos que a veces son aquí incomprendidos, juzgados o rechazados son los que él considera *becados* para entrar a Su Reino y sólo por amor los priva de la conciencia, esa misma que a veces a los que nos creemos perfectos e inteligentes nos causa tanto dolor e incertidumbre?

Me habría encantado que te parecieras más a mí, todo sencillamente porególatra. Me habría gustado que se repitiesen en tu vida situaciones que llenaron de orgullo y vacío la mía, pero, por otra parte, me alegro tanto de que te vayas a evitar esa etapa humana en que la vanidad nos enceguece y nos vuelve tontos y egoístas, y de alguna manera extraña me siento feliz, porque sé que tu corazón es más grande que tu mente.

Es bueno que tengas un hermanito, porque debo decirte que te pareces a él más que a nadie; ambos son únicos y especiales. Siempre he pensado que es un honor para cualquier madre recibir a alguien como ustedes, y aunque no todos los días son fáciles, cada vez que veo esa sonrisita llena de amor y confianza me siento el ser más poderoso, capaz de hacer cualquier cosa por verlos felices.

A tu corta edad, no alcanzo a identificar más parentescos, y aunque cualquiera diría que a esta edad los bebés no se parecen a nadie, yo te aseguro que te pareces y te parecerás mucho a mí; es esa certeza perfecta que me dice que eres mi hija, que saliste de mí y que corre por tus venas mi sangre y la magia de la vida.

A medida que pasan los días, creces un poquito más, y esas sorpresitas preciosas no cesan de llegar. Cuando me sujetas fuerte el dedo índice, me siento segura, amada; una fuerza extraña me aprieta el pecho y el corazón se me ahoga de emoción.

Creo que en tu imagen abstracta también te pareces a los ángeles de Rafael, esos que, sin necesidad de tener trazos perfectos, expresan la luz ideal que todos deseamos en algún momento.

Estás en la etapa perfecta en la que solamente te siento, te imagino y te sueño, y aunque a veces se me hace difícil imaginar tu futuro y no puedo evitar limitarte en cierto sentido, cada día te pareces más al Cielo, porque me demuestras que nunca seré lo suficientemente grande como para medir tu grandeza ni tu poder.

Te pareces mucho a un mundo diferente, en el que existen seres humanos como tú, uno de cada ochocientos, un número reducido de personitas con limitaciones mundanas y con un mundo desconocido y maravilloso que aún nadie alcanza a descubrir.

Te pareces a ese niño que una vez miré a los ojos y me enterneció hasta la médula. Te pareces otro poco a ese otro que nació con una enfermedad congénita en el corazón o a ese precioso que pasa los dos años y aún no gana fuerza suficiente para caminar.

Te pareces al miedo que me invadía las venas cada vez que revisaba la posibilidad de ser madre de un niño especial y también te pareces al amor y a la inmensa ternura que me llena el cuerpo cada vez que te veo tan frágil y tan inocente.

Te pareces a ese sentimiento confuso que cada día me da fuerzas para vivir y en algunos momentos extraños me llena de temor.

Te pareces a esa fortaleza que profeso, que a veces es tan grande y a veces es tan débil.

Te pareces a esa forma de amar distinta, que no ve diferencias, que no ve barreras, que sólo ve amor.

Te pareces a un mundo desconocido en el que muchos viven inadvertidos, pero todos sembrando amor.

Cuando te veo dormida, te pareces a la vida, serena a veces, autónoma por siempre.

Y ese cuerpito pequeño, lleno de rollitos de esperanza, se parece a la persistencia que necesitará tu cuerpo para empezar a funcionar.

Esos deditos cortos llenos de ternura se parecen al tesón con el que aprenderás a tocar.

Y ese mundo, ahí, dentro de tu pecho, se parece a lo mejor de papá y a lo mejor de mamá, porque dudo mucho que el error genético que marcó tu vida pueda afectar la pureza de tu alma y de tu corazón.

Te pareces a cada cosa hermosa y profunda que cada día toca mi vida. Te pareces a las ganas que tengo de ser mejor y vivir para ti.

Te pareces al orgullo que me invade el pecho cada vez que me reconozco en ti.

Te pareces a las pequeñas batallas que nos llenarán de fortaleza para asumir la gran guerra, salir juntas adelante y ser por siempre felices.

Te pareces a la fantasía de ser un niño por siempre.

Te pareces a mis lágrimas, que nacen con dolor y mueren con esperanza.

Te pareces a todas esas exigencias que nos pone Dios para entrar al Reino de los Cielos.

Te pareces a la mujer que serás mañana y a los muchos momentos que nos faltan por vivir.

Te pareces a la ilusión de haberte concebido y a la inmensa alegría que sólo alguien como tú puede irradiar.

Y es que, sin duda, te pareces cada día más al *amor*.

La tercera pregunta:
"Mamá, si tuvieras una segunda oportunidad, ¿me elegirías una vez más?"

Como dice la canción más hermosa que escuché en mi vida: "Si me dieran a elegir una vez más, te elegiría sin pensarlo, porque no hay nada que pensar…".

Cuando naciste de mí, no fue fácil hacerse a la idea de que serías diferente, y me admira lo fácil que fue saber que serías por siempre especial. Sentí mucho dolor al renunciar a los muchos sueños que tenía para ti, pero sentí mucho amor al descubrir que existe un mundo distinto, pero no por ello menos hermoso.

Me sentí herida y engañada cuando descubrí que Dios te tomó como parte de su propósito sin pedirme permiso y me sentí bendecida y orgullosa cuando entendí que era un honor y no un error.

Entre mis primeros temores estaban siempre los típicos parámetros de crecimiento y evolución mental de un bebé, y hubo un momento en el que me llené de temor y dolor, porque todavía no me sonreías. Cuando me di cuenta, cambié esa cara de tristeza y desesperanza, y te di la sonrisa más efusiva de mi vida, y no pasó más de un segundo para recibir la tuya como premio a mi amor. Es que a veces me olvido de lo importante que es aceptarte y amarte como eres, y te pido perdón por eso, porque todavía hay días en que despierto queriendo que seas *la mejor*, cuando lo único que debo querer es que seas la más feliz.

Si pudiera describirte el amor que siento cada vez que puedo hacerte reír sé que no tendrías ninguna duda de cuánto te amo, pero me quedo corta de palabras y me quedo corta de vida para hacer todo lo que quisiera para hacerte feliz.

Te elegiría una, otra y otra vez por siempre, porque tenerte en mi vida es un milagro, y cada día que pasa te amo más.

Si tuviera otra oportunidad, evitaría la tristeza que sentí al conocerte, porque no te mereces desilusión; lo único que te mereces es amor y pasión.

Si tuviera otra oportunidad, sería más fuerte y enfrentaría la realidad desde un comienzo; no pasaría días y noches soñando cómo deberías ser para que te quieran los demás, cuando sé que de cualquier forma hubieras sido perfecta para mí.

Si tuviera otra oportunidad, no perdería ni un segundo sufriendo por lo que nunca podrás ser y aprovecharía cada milésima de segundo en ayudarte a ser lo mejor que puedas.

Volvería a amar y a vivir cada segundo de mi embarazo; disfrutaría aun más las primeras paraditas y me emocionaría mucho más al sentirte crecer; me ahorraría los discursos baratos cuando decía que te sentía sana y aceptaría con amor que la sanidad es una característica del alma y no de los genes.

Me preocuparía menos por no engordar y me sentiría más orgullosa de verte crecer en mi interior.

Si pudiera volver a elegir, te elegiría por siempre para que nazcas una y otra vez de mí; volvería a recibirte sin ningún tipo de anestesia para sentir otra vez el dolor y la emoción de tus huesitos cruzando mi cuerpo.

Si Dios me enviara un catálogo por correo para crearte a mi antojo, volvería a elegir todo lo que Él te dio la primera vez: esos ojitos rasgados, esas manitas gorditas, esa línea única que cruza la palma de tu mano y esa sonrisa inocente que me hace tan feliz.

Tal vez me pondría un poco nerviosa y lo único que jamás permitiría para ti sería el dolor; sin duda, te evitaría nacer con un hoyito en el corazón, una alta probabilidad de tener una enfermedad en la sangre o algún problema mayor. En realidad, esa es la parte difícil de todo esto: saber que eres más débil que los demás, y a veces, pese a ese deseo tan grande de ser fuerte por ti y para ti, siento que caigo en la desesperación y me duele en el alma sentirme impotente de cambiar el mundo para ti.

Si tuviera una segunda oportunidad, nunca lo llamaría así, porque las segundas oportunidades las ofrece la vida para curar los errores, y tú viniste a curarme a mí y fuiste tú quien me dio mi segunda oportunidad para volver a creer, para volver a entender y para volver a amar.

Si me dieran a elegir entre futuros ingenieros, arquitectos, doctores o presidentes, te elegiría a ti, por la sencilla razón de que existes para mí y te amo así, llena de sorpresas, de retos, de sueños, de simples batallas e inmensas guerras. Te amo por ese título sagrado que llevarás grabado por siempre; por el más dulce, el más hermoso y el más importante para mí, por ese que dice *hija mía* por siempre.

Te elegiría por siempre entre genios, filósofos y escribanos, y es que en tu inmensa pureza y tu eterna inocencia, cada día que pasa tienes algo genial que decirme, una experiencia religiosa que me hace sentir dichosa de existir o el poema más dulce cuando esos pequeños labios susurran un "Aguuu".

La cuarta pregunta: "Mamá, ¿por qué llegué a ti?"

Llegaste a mí porque te deseamos con mucho amor. Fuiste tan amada y tan esperada que no podríamos haberte dado otro nombre mejor. Te nombramos Ayelén, que significa *alegría*, y desde ese momento, Dios escribió tu intención para nuestras vidas.

Aunque confundidos al principio, cada día descubrimos que realmente eres y serás por siempre la alegría de nuestras vidas, y permíteme decirte un secreto: me hacías mucha falta para aprender a vivir.

Contigo descubrí que siempre seré tu madre, pase lo que pase, y que nadie me puede quitar tu amor; aprendí a actuar con alegría y menos premeditación; descubrí que la mejor terapia es tratarte con amor, y que, aunque parezca increíble, tu hermano necesita de ti y tú necesitas de él, porque ante muchos no tendrán nada que ofrecerse, cuando en realidad tú eres su complemento y él es el tuyo.

Aparentemente, catalogarán mi vida como difícil e infeliz, pero yo nunca había sido tan feliz y nunca me había sido tan fácil dar y recibir amor.

Después del nacimiento de tu hermano, quedaron algunos detalles sueltos y algunos cabos por atar. Algunos días pensaba que, de haber tenido más experiencia, podría haber hecho mucho más por él, y de alguna manera inexplicable seguía preparándome, a pesar de saber que él ya había superado esas etapas. Ahora comprendo que mi alma se siguió preparando para ti, y me siento llena y completa cuando siento que hoy puedo hacer mucho más de lo que pude una vez.

¡Qué sería de él sin ti, si también gracias a ti él aprendió a crecer, a compartir y entender! No pudo haber nacido una mejor compañera para él, si estoy segura de que te amará como a nadie, tanto o más de lo que te amo yo.

Ya me los imagino juntos caminando de la mano por la vida. ¡Quién mejor para entenderse que el uno al otro!

Y creo que por eso llegaste a mí, porque nadie podría amarte más que yo.

La quinta pregunta:
"Mamá, ¿qué sentiste cuando yo nací?"

Cuando naciste, sufrí inexplicablemente, pero no por ti. Yo nunca me desilusioné de ti; me desilusioné de la vida, me desilusioné del destino y me golpeó el corazón tener que reinventar nuestros caminos.

Mientras más frívolas somos las personas, más nos cuesta entender que la felicidad no es una cara bonita, un cuerpo ideal o un coeficiente superior, y yo, a pesar de pensar que he aprendido mucho, sigo siendo frívola a veces, y tal vez por eso no pude evitar sufrir.

Sufrí porque sentía que te perdía, pero me recuperé cuando me di cuenta de que te tenía, cuando me sentí capaz de cuidarte, de entenderte y de amarte.

Sufrí cuando me sentí incapaz de curarte, pero renací cuando descubrí que sí puedo ayudarte, cuando recordé cómo cargar a un bebé con hipotonía, cuando puse en práctica algunos pensamientos, cuando cada día vi cómo te volvías más fuerte; la primera vez que sonreíste, la primera vez que pataleaste cuando me acerqué a ti, la primera vez que lloraste cuando otra persona te cargó en sus brazos, cuando descubrí que sabes que soy tu mamá y que para ti no hay otra igual, pese a mis errores, pese a mi desconcierto, pese a mis sentimientos de culpa o mis depresiones. Cuando, a pesar de todo, cada día me amas y me reconoces.

Sufrí un día que pensé en el futuro como un síndrome y no comprendí que ante todo son dos seres humanos maravillosos, y comencé a sonreír nuevamente cuando tu hermano te recibió en la casa y te dio un beso en los labios, cuando te vi mirarlo de frente por primera vez, cuando sonreíste mientras bailaba para ti, cuando te emocionaste escuchándolo cantar, cuando se acostó a tu lado mientras lo tocabas y te reconocías en su piel, porque él es parte de ti y tú eres también una parte de él.

Sufrí cuando pensé que era un golpe duro para cualquier padre sentir que sus hijos no eran lo que esperaba, y volví a creer en Dios cuando descubrí a tu padre mirándote con tanto amor, cuando lo vi por primera vez cambiar un pañal sin renegar, cuando me enteré de que te había bañado porque te vio acalorada, cuando te cantó mientras tú le sonreías, cuando habla de ti como "mi niña", cuando descubrí que hay personas que no se preparan para amar y sólo aman sin pensar, y cuando Dios abrió mis ojos y me dijo por qué él es tu padre y por qué yo soy tu mamá, porque yo voy a luchar todo lo posible por tener lo mejor de ti y él te va a amar sin importar los resultados, y cuando yo caiga, sé que su simplicidad para amarte me hará reaccionar y me dirá lo maravillosa que eres, siendo, antes que nada, tú misma.

Sufrí cuando pensé en un futuro incierto y paré cuando vi a tu hermano listo para empezar la escuela: esa sonrisa efusiva, esa mirada que inspira amor... Ese es también tu futuro, un mundo nuevo, lleno de esperanza y muchas ganas de luchar.

Sufrí cuando me dejé llevar por el vacío y renací cuando comprobé que los milagros en ocasiones se repiten, y sentirse parte de un milagro dos veces es una gran bendición y un honor mayor. Me consuela y me llena de orgullo pensar que, en una probabilidad tan grande de volver a tener un hijo con la misma condición, Dios me haya elegido otra vez para recalcarme que tengo una misión, y para ello cuento con el amor de los dos seres humanos más sagrados y más especiales para mí, por siempre.

Sufrí en muchas oportunidades y no me es posible prometerte que no lo voy a volver a hacer; sólo puedo decirte que te amo como a nadie y que te voy a amar cada día más. Y si en alguna ocasión me ves llorar, voy a tratar de que sea siempre de felicidad.

La sexta pregunta: "Mamá, ¿eres feliz?"

Soy feliz desde el día que descubrí la vocación de mi vida, porque, al igual que todo el mundo, caminé mucho, tratando de encontrar mi pasión. Empecé muchas cosas que jamás terminé, sin saber que no había llegado aún el día para comenzar a existir.

El destino es siempre una sorpresa y Dios prepara caminos increíblemente misteriosos. Lo que una vez me pareció una mala jugada se convirtió en la pasión más grande de mi vida, y descubrí el amor, ese que una vez que uno lo prueba, jamás deja escapar.

Me enamoré de esas diferencias especiales, de esos cuerpecitos blandos y gorditos, de esas almas premiadas por Dios y juzgadas por el hombre.

Me enamoré de la inocencia de esos ojitos almendrados, del poder y la fuerza de esos deditos delicados, de esas risitas suaves, de la tardanza para crecer, del esfuerzo por aprender, del amor puro que irradia tu ser.

Nunca antes estuve tan agradecida con Dios por tener tantos lunares hasta el día que escuché a tu hermanito contarlos por primera vez. Nunca me había percatado de lo sagrado de mi cuerpo hasta que se convirtió en nido para que ustedes pudiesen crecer. Nunca me sentí alimento hasta que bebieron leche de mis senos. Nunca me sentí caricia hasta que se acurrucaron en mis brazos. Nunca me sentí importante hasta que puede aliviarlos. Nunca fui tan feliz hasta ese precioso día en el que llegaron a mí.

Soy feliz cada día que amanece y recuerdo que tengo dos personitas hermosas por quienes vivir. Soy feliz cada vez que te alimento y te veo crecer. Soy feliz cuando tu hermano corre para darme un beso. Soy feliz cuando te cargo y sonríes. Soy feliz cuando tu hermano ríe. Soy feliz cuando los veo juntos, cuando le tomas la mano y él te devuelve un beso de amor. Soy feliz cada minuto, e incluso en los momentos difíciles sigo siendo feliz.

Soy feliz porque aprendí a sentir para vivir. Jamás volveré a describir una experiencia sin haberla sentido en la piel, jamás me dejaría llevar por la herencia global que te dice cómo son las cosas, sin saber que cada situación tiene un positivo y un negativo, y que en las manos de cada quien está elegir.

Esta pregunta es una buena oportunidad para decirte algo importante: gracias por hacerme tan feliz.

La séptima pregunta:
"Mamá, ¿y si en el camino encuentro a alguien que no me ame?"

En el camino encontrarás muchas cosas: encontrarás alegría y tristeza, encontrarás amor y rechazo, encontrarás apoyo y cobardía, encontrarás ángeles y diablos, pero juntas trabajaremos por preparar tu corazón para que sólo sea apto para dar y recibir amor.

Nadie en la vida tiene la dicha ni la desgracia de que todo el mundo lo ame, porque si no tuviéramos diferencias, nunca sabríamos lo importante que somos para los demás, y pese a tu condición, tendrás la capacidad de vivir las mismas experiencias que todo el mundo, y para ello necesitarás coraje, fuerza y pasión.

Los seres humanos desarrollan diversos sentimientos, actitudes y aptitudes, y todo es resultado de su preparación, su crianza y su tesón. No todos hemos sido amados de la misma manera y tal vez muchos se comportan con hostilidad porque su vida no fue mejor que la tuya y jamás aprendieron a amar.

El secreto en la vida siempre será el amor, porque cuando el amor protege tu alma, muchas cosa resbalan, y aun cuando alguna vez calen, nunca llegan lo suficientemente hondo como para tocar tu corazón.

La vida es un mundo paradójico, lleno de aventuras, experiencias, lágrimas y sonrisas. Uno nunca sabe qué le tocará mañana, pero, sin embargo, sólo uno mismo tiene el control de su conciencia y de sus actos. Que Dios te bendiga y te dé la sabiduría que no te dará tu humanidad, pero que, a cambio, te dará tu esencia, ese tesoro escondido que te protege del dolor de los otros y a cambio entrega comprensión, cariño y ternura.

Tal vez un día te encuentres en el camino a alguien que no te ame, pero con que tú lo ames y tu amor te dé la luz para comprender bastará para dejarlo pasar y seguir caminando con la frente en alto y el corazón abierto a la felicidad.

La octava pregunta:
"Mamá, ¿seré algún día independiente?"

Alguien me preguntó: "¿Crees que tus hijos serán independientes algún día?", a lo cual yo respondí que sí, pero esa pregunta se quedó rondando en mi cabeza y se me presentaron muchos sueños y muchas reflexiones. Pensé: "¿Qué significa ser independiente?". Independiente se refiere a la persona, idea o cosa que no depende de otros en ningún aspecto. Yo tampoco, antes de hoy, jamás me había enfocado en el significado específico del ser independiente, y fue justamente después de aclarar la definición de esta palabra que volví a pensar: "Pero ¿quién es independiente en este mundo?". Sinceramente, creo que nadie lo es, porque todos de alguna manera tenemos dependencias; nadie es autosuficiente, por muy bien dotado que sea, y mientras más dotados estamos de inteligencia, más complicada se nos vuelve la vida.

Y aunque te parezca extraño, ojalá no te parezcas a mí, porque yo sí he sido dependiente: de la sociedad, de la moda, del juicio de los demás..., y por todo eso, tal vez hasta que nació de mi cuerpo el amor jamás había podido ser feliz.

No te prometo nada, pero quisiera luchar cada día por hacerte independiente de esas cosas que a uno le complican tanto la vida. Quisiera que aprendas a amarte como eres, sin la presión de la moda ni la opinión de nada más. Me encantaría que cada día que pase siempre haya en tu rostro una sonrisa, independientemente del mal humor o de la mala cara con la que alguien te pueda mirar. Más allá de tu capacidad mental, me gustaría que seas constante y comprendas que a veces no es el más inteligente el que gana, sino el que confía en lo poco que tiene si descubre el momento preciso en el que lo debe dar.

Me gustaría tanto que seas independiente, independiente de los comentarios sarcásticos o de la crítica de los demás; me gustaría que, pese a todo, sigas remando; que, aunque para algunos puedas verte como un error, tú te mires al espejo y sólo reconozcas el amor, ese amor simple, fresco y valioso con el que tanto te amo.

Respondí rápidamente cuando me preguntaron sobre tu posibilidad de ser algún día independiente, y después de analizarlo me preocupo aun más, porque sí siento que algún día querrás vivir por ti misma y estoy segura de que lo conseguirás, pero también me di cuenta de que tal vez tú y tu hermano se convertirán en personas independientes, pero yo jamás lo conseguiré, porque hasta el día en que muera siempre dependeré de ti y de él, porque no habrá ni un solo minuto en el que no piense en ti o no me acuerde de él, porque me declaro dependiente del más grande y grandioso sentimiento que me ha regalado su amor.

Gracias a ti...

Gracias a ti, camino derecha por la senda,
sin importar si el camino enlodado es más corto
o si aquel paraíso me llevará más pronto.

Gracias a ti, amo la esperanza
que me da una señal
cada vez que tus manos me aprietan el alma
y la llenan de templanza.

Gracias a ti, descubro sueños
y los sueño a cada minuto,
sin importar el tiempo.

Gracias a ti, rezo cada noche
para pedirle a Dios que no te olvide
y que siempre te tenga en su mente
y te mantenga siempre presente.

Gracias a ti, amo las estrellas,
porque mientras otros se queman con el sol,
yo me pierdo en ellas.

Gracias a ti, reconozco el aroma de las flores,
mientras te abrazo a mi pecho
para que no llores.

Eliana Tardío

Gracias a ti, soy quien soy,
pequeña ante el mundo,
gigante para ti.

Gracias, realmente, todo gracias a ti.

¿Dónde estaba Dios?

Cuando cumplí dieciséis años, me tocó entrar a la habitación de mi madre, arrodillarme en el piso y esperar que lentamente dirigiera su cuerpo hacia a mí para poder darme un beso y desearme un feliz cumpleaños. En esos momentos, lo único que sentía era rabia, porque mientras un día supuestamente especial se convertía en una pesadilla, mi madre moría cada día un poco más; el cáncer nos destruía la vida a ella y a nosotros, sus dos hijos.

Y ese día, cargada de rabia, pregunté para mis adentros: "¿Dónde está Dios?".

Exactamente un mes después, mientras dormía, mi tío tocó mi hombro y me miró a los ojos, diciéndome: "Ya todo pasó. Tu mamá descansa en paz", y en tanto mi estómago se retorcía y mi corazón se estremecía de dolor, me pregunté entre lágrimas: "¿Dónde está Dios?".

Y entre la soledad y el vacío de haber perdido a la persona que más amaba en el mundo, una y otra vez me sentí estúpida por haber confiado, por haber amado y por siempre recibir golpes a cambio, y comencé a pensar que la vida no vale nada si nadie te quiere lo suficiente como para luchar por ti, que nada tiene sentido si somos máquinas programadas para actuar en función de los demás, si queremos conseguir un espacio en este mundo ridículo en el que los más tontos están mejor posicionados, porque fueron lo bastante sumisos como para no causar complejos a su superior.

Y se me perdió Dios, se salió del camino y no se me hizo para nada raro, porque ya no me quedaba nadie ni nada alrededor.

Y un día cualquiera, conocí al hombre aquel, y entre la confusión de la pasión y la locura, concebimos a mi primer hijo, y sentí cómo, de repente, todo parecía moverse, y muchas cosas cambiaron en mi corazón. Comencé a mirarme al espejo y a reconocer un brillo diferente en mis ojos, y me enamoré tanto de esa posibilidad de amar, de dar, de que alguien nazca de mí... Nueve meses después, mi hijo nació, y por unos minutos miré alrededor y vi a Dios, y me sentí tan feliz..., aunque poco tiempo pasó para que me informaran que mi hijo había nacido con un conjunto de características que indicaban claramente que tendría una condición de vida especial. Y si en ese momento hubiera podido destrozarlo todo, tomar mi vida como un libro y romper las hojas en mil pedazos y dejar que todo se perdiera con el viento, lo habría hecho, pero entre la rabia, la tristeza, la ternura y el rencor, no podía renunciar a la vida si había alguien esperando por mí para vivir, y aunque resentida y confundida, tomé a mi hijo entre mis brazos, mientras la irónica pregunta se repetía otra vez, y ahora: "¿Dónde estás, Dios?".

Y así siguió la vida hasta que mi nueva hija tocó a la puerta para existir, y la amé tanto desde el primer segundo, y la deseé con todo el corazón y me la imaginé mil veces perfecta, hermosa, mi niña, mi compañera. La soñé conmigo de la mano, paseando juntas, haciendo cosas bonitas, conversando, cocinando, jugando y, finalmente, el día llegó y mi hija nació, y se repitió la historia, y definitivamente renuncié a Dios, por que ¿dónde podría estar Dios esta vez si lo había vuelto a hacer? Mi hija también nació con síndrome de down, y además, me dijeron que tenía un desorden en el corazón... "Esta vez no te lo perdono, Dios. Fue la última vez", le dije.

Pasaron los días y, entre sueños, mi vida se armó en un corto relato, y vi a mi madre muriendo una vez más, y mientras yo lloraba en soledad y en silencio, reconocí la imagen de Dios tomándola entre Sus brazos y convenciéndola para partir, a cambio de la promesa de que Él jamás se iría de nuestro lado, liberándola de ese sufrimiento carnal. Entonces, entendí que Dios se encontraba en el lugar oportuno, porque estaba pensando en mí.

La segunda parte comenzaba en un día cualquiera de mi vida, y en ella pude notar mi desapego hacia Él, y entonces, mientras daba a luz, viví una vez más todo ese dolor unido al amor, y miré alrededor y vi a Dios, que le tomaba el pulso a mi hijo y le daba algunas instrucciones de amor. Le hablaba de su propósito y le pedía mucho valor.

Fue cuando comprendí que Dios envió un hijo especial a luchar, y para ello confió en mi capacidad de amar.

Y para terminar, escuché su voz diciéndome que mi hija también tendría la misma condición, y me dijo: "Estoy aquí, siempre he estado aquí. Vivo en una parte de tu hijo y, ahora, otra parte de Mí toma la vida de tu hija para hacerte feliz. Te parecerá muy duro de manejar al comienzo, pero lo hiciste tan bien la primera vez que no pude evitar la tentación, y aquí te afianzo en mi misión: ama a Mis hijos como sólo lo haría Yo, reconoce los dones de la paciencia, de la esperanza y la fe, y verás que siempre sabrás dónde estoy, justo aquí, contigo, dentro, en tu corazón…".

Y ahí siempre estuvo Dios, dándome fuerzas para vivir, ilusiones para existir, ánimos para volver a creer y mucha paciencia para entender que los sacrificios más grandes provocan las satisfacciones más intensas y nos llenan la vida de amor.

Tercera parte
Consejos y apoyo emocional

Esta tercera parte, la escribí con mucho cariño, en base a las vivencias y la experiencia que he ido acumulando en este poco tiempo de ser mamá de dos niños con necesidades especiales. No tengo conocimientos médicos formales, todo lo que sé es lo que me ha tocado vivir, pero creo que, como yo, todos los padres especiales tienen mucho que compartir unos con otros, porque todos los días se aprende algo nuevo, y estoy segura de que si todos lleváramos un diario de nuestras actividades y nuestros logros, podríamos encontrar la respuesta a muchas preguntas y desarrollar un maravilloso programa de intervención temprana para nuestros hijos. ¿Quienes mejor que nosotros para amarlos y luchar por ellos?

La información es la clave. Nunca deje de informarse; intégrese, reciba con amor a todo el que quiere tenderle la mano. Siempre podemos aprender algo nuevo de alguien más.

La información que viene a continuación no es de ninguna fuente médica y, por lo tanto, no reemplaza los consejos ni las instrucciones de los profesionales que estén al servicio de su hijo; sin embargo, presenta una mezcla profunda de actividades y sentimientos que despertarán el interés de su bebé, y crearán un lazo poderoso entre ustedes.

Disfrútela. Espero que le sea de utilidad en su camino de amor.

Cita de Rabindranath Tagore

Si lloras por haber perdido el sol, las lágrimas no te dejarán ver las estrellas.
Rabindranath Tagore (Filósofo y escritor indio)

Empiezo la tercera parte con este sabio pensamiento que de la manera más hermosa explica lo que a la mayoría de nosotros nos ha sucedido en alguna oportunidad. Si nos pasamos la vida llorando por no tener lo que esperábamos, jamás seremos capaces de reconocer nuestros tesoros, disfrutarlos y aprender a amarlos.

Al igual que otras experiencias, tener un hijo especial es una sorpresa que trae consigo una mezcla de emociones, y es comprensible y aceptable que nos desconcierte en primera instancia y que, por el temor a lo desconocido, nos sintamos perdidos; sin embargo, mientras no sequemos nuestras lágrimas y nos decidamos a vivir, jamás podremos volver a ser felices y descubrir una nueva experiencia que no por distinta tiene que ser mala. Sólo hace falta sentir que, aunque la luz de la luna no brilla como la del sol, tiene un brillo especial, hermoso, único, que ilumina de una manera misteriosa y delicada nuestros rostros.

Depresión posparto más desilusión posparto

Está comprobado científicamente que la depresión posparto es un evento natural y muy común en todas las madres de cualquier naturaleza. Y es que, seguidamente al esperado momento del parto, una se sorprende al no sentir todo el amor y la alegría que esperaba.

Ya el hecho de ser madre es duro, aun cuando nuestro hijo haya nacido sano, porque, definitivamente, los primeros días, semanas y en casos todavía peores, meses, pueden ser muy difíciles de digerir y con muchos sentimientos encontrados contra los cuales luchar.

A pesar del amor innato, está el rechazo instintivo, ese que te hace sentir que tu hijo no es lo que esperabas, esos sentimientos negativos que abruman tu cabeza, golpeándote una y otra vez, y a eso se suma la culpabilidad de sentirte rechazando a quien más amas y a quien más te necesita.

Sin embargo, y pese a todo, es normal sentir depresión posparto y, siguiendo el proceso regular, pronto la madre se libera de ese sentimiento y comienza a reforzar el amor. Aun más normal es sentir desilusión posparto si eres la nueva madre de un hijo con discapacidades, y a diferencia de la depresión, la desilusión abarca a ambos padres, e incluso a toda la familia.

Hay que ser sinceros con nosotros mismos y aceptar que lo que nos ha sucedido es la peor pesadilla de cualquier padre. Todos soñamos con tener hijos sanos que nos hagan la vida más feliz y enfocamos nuestra realización en el día en que los veamos independizarse de nosotros y empezar su propia vida y su propia familia.

Cuando, a cambio, se recibe un hijo especial, abruma saber que el futuro es incierto, que los riesgos médicos son amplios, que la sociedad no siempre está preparada para entender por qué nos pasó a nosotros y que quienes más amas pueden convertirse en los peores verdugos de la situación que estamos cruzando.

La desilusión puede tener muchos efectos: puede crear enfrentamientos, conflictos e incluso la separación definitiva de una pareja que hasta entonces se consideraba sólida, pero también puede reforzar el amor, crear unión y volver la vida más intensa y los sentimientos más poderosos.

Ser padre de un niño especial es difícil, ser padre de dos niños especiales es increíble, y tal vez haya por ahí padres de más niños especiales que ni siquiera uno imagina cómo pueden subsistir.

Yo antepongo la palabra *felicidad* a cualquier distintivo de mi circunstancia, y siempre que escribo la uso para afianzar mi confianza en mí misma y en la capacidad de mis hijos para existir libres de complejos y limitaciones.

Soy la feliz madre de dos niños especiales. En el camino de la depresión posparto me acompañó mi esposo y la desilusión posparto la vivimos ambos, pero con una gran diferencia: la segunda vez, fuimos mucho más responsables, maduros y confiamos más en Dios, a tal grado que, sin importar los problemas económicos, nos dimos el lujo de parar de trabajar durante dos meses sólo para estar juntos, para superar la crisis y amar a nuestro nuevo regalo de amor.

Todos los hijos tienen dos padres y ambos son importantes en sus vidas, y sin importar los títulos, la experiencia o la preparación intelectual, el aporte de cada uno de ellos es maravilloso e incomparable. Es un gran reto aceptar que se tienen niños especiales en casa, pero es un gran aliciente trabajar juntos para conseguir los sueños del mañana.

Quizás es más fácil dejarlo todo a un lado y renunciar a los reclamos, a la indiferencia o a la hostilidad de las parejas, dejando que cada cual tome su camino y sea la madre la responsable directa de aquel hijo, pero lo difícil es lo poderoso, y aunque a veces cueste, ambos deberán cruzar momentos de dolor, decepción, enfrentamiento y desilusión antes de entender que Dios une una parte de cada uno de ustedes para darle vida eterna a un alma poderosa que nace con un caparazón un poco diferente, pero con un alma perfecta, iluminada, lista para empezar y luchar por siempre.

Los hijos son regalos de amor, pase lo que pase, y ante su llegada con una condición inesperada, debemos darnos el espacio y el derecho de caer para levantarnos con más fuerza, más predisposición y más unión.

Cada día que pasa amo más a mis hijos, y me fascina ver cómo el amor es algo ilimitado; no hay un *stop* en ningún lugar del camino. Cada vez que miro hacia adelante, jamás percibo limitaciones; indiscutiblemente, las enfrento a veces, pero las supero, me levanto una vez más, limpio mis rodillas y sigo caminando.

Aprenda a compartir el amor, a tener en el corazón esa paz que nos dice que nuestros hijos pueden continuar su camino, aún si nosotros les faltamos un día. Nos habla de amor, de saber compartir, de aprender a confiar y de enseñar a amar.

La liberación del alma regala los mejores manuales de amor

Usted tiene una tarea sagrada que cumplir a través de su hijo. Yo no soy más especial que usted por estar escribiéndolo, y aunque la haya descubierto un poco antes, nunca seré mejor.

Cada uno de nosotros ha recibido algo especial, alguien que nos acompañará en un largo camino; alguien que nos dará motivos para reír, para llorar, para luchar, para caer mil veces y volver a levantarse; alguien que no se priva de nada, y en el momento menos apropiado, puede comportarse sin importarle el qué dirán, y cuando todos a su alrededor tratan de parecer perfectos, puede ser él mismo sin culpas, sin compromisos con la sociedad ni con el mundo. Alguien que un día lo sacará de quicio y a quien pronto le estará pidiendo perdón; alguien que a veces parece tan brillante en situaciones difíciles y en los momentos más simples asombra darse cuenta de que, a pesar de su edad, aún no sabe atarse las trenzas. Alguien que en días tristes no se nos desprende y nos da besitos, caricias y amor; alguien que en las peores circunstancias sonríe y se vuelve loco viendo un ave volar.

Nuestros hijos pueden parecer limitados a veces, pero ahí está la pasión, en esa capacidad ingenua que tienen de sobreponerse a cualquier momento con sencillez, con humildad, con desinterés y, sobre todo, con la inocencia eterna de quien tal vez nunca llegará a madurar.

A veces nuestros hijos despiertan temor o inquietud en los demás, porque el mundo que nos rodea no está preparado para saber cómo actuar, pero ahí está la misión: en prepararse a sí mismo para estar listo para los demás, en tomarse el tiempo para pensar en la vida como una realidad y planear para el futuro.

Piense en cada una de las personas que ama y confía, y hágalas formar parte del plan; revise la posibilidad de que usted no es inmortal y déle al más indicado una carta de amor, haciéndole saber su deseo de que ese hijo al que ama se convierta en un compromiso de amor si algún día le faltara usted.

Cada día, escriba un poquito acerca de su hijo, de las cosas que le gustan, de sus alegrías junto a él, de las frustraciones y de los sueños; tal vez en algún momento ese sencillo papel pueda convertirse en el manual de amor y esperanza que alguien necesita para sobrevivir.

Enseñe a los demás a tratar y respetar a su hijo; la mejor manera es demostrando cómo usted se comporta con él y siendo perfectamente claro acerca de lo mejor para él y de lo que esperamos de los demás con respecto a su condición.

Comparta a su hijo, no lo sobreproteja; no todos tenemos una segunda oportunidad. Yo que la tuve, le puedo decir que amo tanto a mi hijo que, en mi deseo de no dejar que nadie le haga daño, lo privé de muchas cosas que a mi segunda hija le han dado la chance de evolucionar más rápido y ser más independiente.

No se ofenda cuando alguien le haga una pregunta indiscreta. A veces las personas no sabemos expresarnos en relación a los sentimientos y las necesidades de los demás. Trate siempre de llenarse de sabiduría y responda siempre con amor. Su hijo será su testigo y aprenderá de usted.

Muchas de las cosas sobre las cuales escribo son sólo propósitos que tengo para mí, y aunque cada día cometo errores o reacciono diferente a como en realidad quisiera, trato de afianzar mis sueños escribiendo para alguien como usted, que ahora vive situaciones que aún me cuesta manejar, pero por las que lucho cada día.

Todos compartimos el importante y fuerte lazo de ser padres especiales, y todos tenemos el deber moral de aportar cada día un pequeño granito que haga de este mundo un lugar mejor para nuestros hijos.

Siempre habrá niños especiales, personas especiales y padres especiales, y su aporte hará la vida aun más armoniosa y maravillosa para todos.

Su voz es fuerte, nunca lo dude.

La vida no se acaba; apenas comienza

El comienzo es bastante difícil para cualquier mortal, pero es sólo el comienzo y no quiere decir que todo el camino será igual. A diferencia de otras experiencias, en esta en particular, la clave está en curarse para decidirse a seguir. No se sienta culpable de sentir dolor o tristeza; siéntase parte del mundo, porque, por muy positivos que seamos, siempre habrá una pequeña dosis de estos sentimientos en un inicio. Todo esto se asocia más a la inseguridad que al desamor, porque no hay libros que nos digan qué esperar de nuestros hijos, y los que existen, nos muestran que están por debajo de las expectativas normales, y eso nos hace dudar acerca de nuestra capacidad para dar a nuestro hijo seguridad y estabilidad.

Una vez que aclare sus dudas, libere sus sentimientos y se sienta decidido a seguir, investigue, no trate de alejarse de la realidad; acepte su destino con orgullo y con fortaleza. Hay alguien maravilloso esperando por usted para ser feliz.

Recuerdo que cuando mi primer hijo nació, las palabras *síndrome de down* retumbaban en mi cabeza y no podía sino ver limitaciones en todo lo que me rodeaba. En muchas oportunidades, encendí la computadora y puse en Google las palabras más difíciles de escribir en mi vida: síndrome de down. Miles de páginas contenían definiciones acerca de la famosa condición; sin embargo, ninguna llenaba mi vacío; cada vez se me hacía más difícil aceptarlo, porque la mayoría de los sitios sólo mostraban datos desalentadores y fotografías que para nada mostraban al hijo que yo esperaba tener algún día.

Un día me di cuenta de que podía dejar esos datos en las computadoras y confiar en mi hijo y en mi capacidad de madre. Abrí los ojos y descubrí que la vida apenas comenzaba, y me decidí a ser feliz.

Poco a poco fui redescubriendo mi capacidad para enfocar mi búsqueda en eventos positivos y apuntar el destino hacia objetivos realistas, pero no por ello menos hermosos ni valerosos que los de los demás.

Algunas cosas son inmutables en la vida de mi hijo; sin embargo, el esfuerzo y el pañuelo cargado de sudor y lágrimas en el intento reconfortan enormemente cuando observamos todos nuestros esfuerzos. Cada día que pasa encuentro una nueva historia que leer o un nuevo evento que celebrar en torno a la vida de otros padres como yo, y no es que el mundo cambió después de que mi hijo nació, quien cambió fui yo, yo y mi concepto de búsqueda, porque el que busca, encuentra, y mucho depende de lo que estés buscando para obtener lo que quieres encontrar. Ahora mis palabras son más amplias y las puedo escribir con agilidad y certeza; dejé de buscar *síndrome de down* porque sé que los resultados van a ser simples y vacíos; ahora busco cosas como *niños especiales, padres especiales, historias de amor*, e incluso me reconforto leyendo cosas como *lista de espera de padres en adopción de niños con síndrome de down*, y todas esas cosas me hacen pensar que cuando sentimos que se terminó la vida, esta apenas comienza, y a medida que el calendario tumbe sus hojas, nos convertiremos en personas más capaces, más valerosas, más sabias y más poderosas.

Reúna los mejores profesionales para su hijo

Si usted es el nuevo padre de un niño especial, seguro estará cruzando una etapa de mucho temor, pero es tiempo de tomar las riendas y comenzar a pensar en el futuro y las prioridades de nuestros hijos. El paso número uno a seguir es elegir el médico de cabecera del bebé o cerciorarse de que por quien se ha decidido se convertirá en un aliado en este camino de amor. Si no tiene o ya tiene un pediatra, la primera pregunta que deberá hacer es: "¿Cuál es su concepción acerca de los niños con síndrome de down?". Si su pediatra le contesta: "Los niños down…" este será un primer signo de alarma. Nuestros hijos no son *niños down*, son niños que tiene un síndrome llamado síndrome de down, porque así lo bautizó, en 1866, un médico inglés llamado John Langdon Haydon Down, quien agrupó por sus características a las personas que tenían este padecimiento.

Recuerde siempre: nuestros hijos primero son niños y después tienen una condición establecida de vida.

Una persona que no se expresa correctamente, sin duda no tiene la suficiente experiencia o preparación como para cuidar a su hijo, y usted no está en condiciones de enseñarle ni de correr riesgos; mejor, busque una mejor opción.

El pediatra de su hijo debe ser ante todo una persona actualizada que comprenda que los niños con cualquier tipo de discapacidad cuentan con recursos para desarrollarse con la ayuda de las personas adecuadas. Su pediatra debe darle confianza y también servir como un proveedor de recursos, para de ofrecerle siempre especialistas que cuenten con experiencia en recibir niños con algún tipo de retraso en el desarrollo; caso contrario, lo más simple puede convertirse en una experiencia frustrante para usted y su hijo.

El pediatra le recomendará y proveerá la prescripción médica para que su hijo sea evaluado física y mentalmente. Mientras más rápido su hijo comience a recibir atención, más favorable será su desarrollo. No cometa el error de pensar que su hijo será diferente a los demás y que por un milagro divino no necesitará servicios especiales; su hijo siempre será el más maravilloso para usted y por eso debe hacer todo lo posible por ayudarle a seguir adelante. Véalo así: no pierde nada; si lo hace, siempre va a ganar.

En el camino, su bebé deberá someterse a algunos exámenes para confirmar su estado de salud. No se asuste, reciba con esperanza y fe los resultados. Es mejor pasar por unos días de dolor y encontrar una solución a transitar una vida de incertidumbre que pueda perjudicar la vida de nuestros hijos.

Una vez que su hijo esté listo para empezar las terapias, convierta a sus terapistas en sus maestros: pregunte, copie, imite y cree actividades que involucren todo lo que ve en la terapia para la casa. Generalmente, los terapistas, al tener más contacto con niños como el suyo, tienen mucha experiencia y buenos recursos que ofrecer. Interésese al máximo y cada día propóngase aprender un poco más de por qué y para qué.

También le asombrará saber que el mayor aprendizaje de los niños se hace en casa, como premio al amor y a la paciencia. Trate a su hijo de acuerdo con sus posibilidades; no lo limite ni le exija más de lo que él puede dar; hágalo formar parte de las actividades del hogar; háblele todo el tiempo mientras hace cada actividad; cántele, guíe sus manos, hágalo reír y nunca, nunca deseche algo sin haberlo intentado una, dos, tres o mil veces. Hay cosas que tal vez hoy no funcionen, pero mañana seguro que sí.

Conviértase en un padre activista

Infórmese de todos los beneficios a los cuales su hijo tiene derecho por su condición. No se avergüence de pedir lo que necesita y reciba cualquier ayuda como un premio de amor.

Su hijo, por su condición, y dependiendo del país en el que haya nacido, gozará de algunos privilegios médicos, económicos o educacionales.

Este es un tema difícil de tratar para mí, porque, lamentablemente, la inclusión no es universal y aún existen países en los cuales no se han desarrollado planes educacionales o inclusión laboral para nuestros hijos.

Uno de mis mayores temores es abandonar la tierra que vio nacer a mis hijos, ya que, gracias a Dios, Estados Unidos es un lugar fabuloso para criar un niño con discapacidad, siendo que ofrece los mejores servicios médicos y de educación, liberando de este modo a los padres de los más difíciles retos de tener un niño con necesidades especiales. Sin embargo, tal vez usted enfrente dificultades mayores a las mías y en algunos momentos sienta y vea cómo su hijo está atascado entre dos mundos o es privado de la valiosa experiencia de integrarse al mundo real y normal en el cual todos los niños son tratados como tales.

Pero, aunque es fácil decirlo cuando no se lo ha vivido, por favor, no pierda la fe y conviértase en un padre activo que se involucra en la vida de su hijo, que tiene ideas, que busca los medios para desarrollarlas, que crea grupos de padres y entiende que, mientras más unidos estemos, mayores serán los beneficios de nuestros hijos.

Tenemos un lugar en este mundo y a veces es duro encontrarlo, por lo cual hace falta crearlo para que nuestras familias puedan subsistir y alcanzar sus sueños.

Luche mucho, apasiónese por el hecho de estar pintando a mano alzada el futuro de su hijo y de muchos niños más que el día de mañana sacarán provecho de su tesón.

Cada día despierto pensando en que los niños especiales no deberían tener nacionalidad ni raza, ni etiquetas; deberían tener derecho a vivir en el mejor lugar para ellos y poder acceder a los mejores servicios del mundo. No es que los demás niños no merezcan lo mismo, pero los nuestros tienen necesidades especiales y a veces la falta de dinero puede estacionar sus mayores deseos de desarrollarse al máximo. Hay muchos niños que no evolucionan lo suficiente porque sus padres no tienen los medios para darles las terapias o los servicios necesarios, y si ese es su caso, no se desanime, confíe en usted mismo y agote recursos; vaya a la biblioteca y tome todo lo que pueda; y si en el camino encuentra a alguien que no sabe leer, conviértase en su mentor y piense que lo que está haciendo por alguien más, el día de mañana, alguien lo hará por su hijo.

Pregunte todo lo que necesite saber

Nunca se quede con una duda; es su hijo el que está de por medio. Que no le dé pena preguntar; ninguna pregunta es tonta. Pregunte todo lo que necesite saber, tome notas y refuerce la información consultando otras fuentes, como libros e internet.

Nadie tiene por qué enojarse porque usted es una *preguntona*; es bueno ser preguntona, y quienes aprecian a su familia entenderán su necesidad de estar al tanto de todo antes de tomar una decisión.

No se limite a llegar al consultorio, preguntar lo que se le ocurre en ese momento y en el camino a casa llenarse de dudas. Ser padre es una tarea de tiempo completo. A medida que vaya recordando algo, tome nota, prepare su cuestionario y, antes de partir, comparta con el doctor la idea de que tal vez haya olvidado algo y le gustaría llamarlo si se da el caso; seguro que él estará dispuesto a colaborar. Si no es así, esa no es la persona adecuada para acompañarla en esta oportunidad.

Uno nunca debe sentir vergüenza de no saber algo, y la mejor manera de matar la ignorancia es con información adecuada. ¿Quién mejor que el pediatra de su hijo para disipar sus dudas? Y algo más: no se limite. Si tiene acceso, revise algunos términos en internet; si no es así, visite su librería más cercana. Además de la información que encontrará, tendrá la oportunidad de distraer un poco su mente y aprender algo nuevo en la vida.

No se deprima cuando encuentre algo que considere duro o difícil de entender, porque existe mucha información acerca de esta condición; sin embargo, como en cualquier caso, no toda es positiva, y alguna no actualizada puede hacerle sentir que su hijo no es parte de la sociedad. No se deje intimidar, usted tiene la opción de parar cuando sienta que algo le está afectando demasiado. No se sienta abrumado por los pronósticos médicos acerca de la condición de su hijo. Por experiencia, le digo que si usted está cerca y pendiente de él, será mucho más sencillo de lo que parece sobrellevar algunos problemas médicos y superar cualquier pronóstico de desarrollo y crecimiento.

Siempre tenga fe, paciencia y esperanza. Siempre hay una solución y siempre encontrará una respuesta.

Mejor que una vida de terapias es un camino de amor

No se convierta en una cazadora de terapias. Es cierto que las terapias son productivas y rescatan lo mejor de nuestros hijos, pero no son personas ajenas las que harán la mejor parte. La mejor parte y la más importante le corresponde a usted. La mejor terapia para su hijo es la vida y para eso necesita de toda su atención, paciencia y amor.

Rescate de las terapias los mejores ejercicios, ideas para jugar, formas de vocalizar o ejercicios para tonificar sus músculos. Todo esto intégrelo a su vida cotidiana de forma simple y natural.

Por ejemplo, no hay mejor ejercicio para tonificar el cuerpo que jugar con su hijo. Desde que nace, motívelo con juegos simples y divertidos. Siempre pinte una sonrisa en sus labios cuando se dirija a él; los bebés aman sentirse amados y esa es su mejor motivación. Los niños con síndrome de down presentan falta de tono muscular, lo que les hace más difícil enderezar el cuello, sentarse, gatear y, por consecuencia, caminar. Una buena idea para ayudarlo es, desde que nace, acostarlo sobre su barriguita, siempre pendientes de él, para que no corra riesgo de ahogarse al no poder mantener la cabeza erguida por mucho tiempo. Este ejercicio sencillo, realizado día a día, le permitirá fortalecer los músculos del cuello y avanzar más rápido. Nunca habrá mejor persona que usted para él. Póngase delante de él y háblele despacio y gesticulando; cántele y dígale cuánto lo ama; seguro que él hará su mejor esfuerzo para levantar la cabecita y poder mirarlo a los ojos. Hágale cosquillitas; reír colabora a ejercitar los músculos del cuerpo y a ser muy feliz. Haga todo lo que su corazón le mande. No piense en términos médicos, piense solamente en pasar un momento de conexión sagrada con su bebé. La conexión espiritual le pedirá exactamente lo que él necesita para evolucionar; confíe en su poder.

Y a medida que el niño vaya creciendo, incorpore baile, música, arte, naturaleza y mucha paciencia y dedicación. La paciencia será siempre su mejor compañera, y nunca lo olvide: *es la calma en la espera*; sólo hace falta agregarle un poquito del ingrediente secreto, *una pizca de amor*, para que se convierta en la receta perfecta.

A veces duele un poquito ver lo débiles que nacen nuestros hijos y nos volvemos sobreprotectores, porque no queremos que sufran, pero ahí aprendemos la primera lección de ellos: ser fuertes, luchar y no dejarnos vencer. Pronto verá cómo su pequeño bebé comienza a crecer y a fortalecerse; sólo hace falta un poquito más de paciencia y dedicación.

Cuando se da un paso adelante, nunca se vuelve atrás

En muchas oportunidades, caemos cuando vemos cuán difícil se les hacen las cosas a nuestros hijos, pero debemos seguir luchando. Una vez se consigue algo, nunca se vuelve atrás, y lo que una vez le causó tanta preocupación, pronto le regalará inmensa satisfacción al haberlo conseguido.

La mente es poderosa y necesita nutrirse y ejercitarse para crecer. Cada día, póngase el propósito de enseñarle a su hijo algo nuevo; no necesita ser algo difícil, basta con hacer algo lindo que despierte alguno de sus sentidos, por ejemplo, hoy déle a su hijo la oportunidad de sentir la textura de una hoja, salga con él al jardín o pasee por el parque y tome su manito, mientras pasa la hoja despacio por la palma y entre sus deditos.

Tal vez piense que eso no significa nada, pero para él significa mucho, primero, porque se siente amado y que se le está dando tiempo y dedicación; y segundo, porque él necesita recibir estímulos para crecer, y al sentir diferentes texturas, escuchar distintos sonidos o sencillamente recibir un beso o una caricia, sus sentidos se fortalecen y despiertan.

Junto a mi primer hijo, reviví muchas cosas hermosas que había olvidado, y hasta intenté algunas que me parecían ridículas y prefabricadas, y funcionaron. Volví a creer en la fuerza de la naturaleza y en la hermosura de las cosas simples. Encontré la paz en el silencio y muchas respuestas en la meditación.

Con mi segunda hija, ya mi corazón estaba preparado para muchas cosas. Fue fácil hacer que se sintiera parte de nuestro mundo y se ve en sus ojos la tranquilidad y la alegría. Ese es mi mayor logro hasta hoy: saber que no tengo exigencias absurdas ni necesito verla hacer algo nuevo para ser feliz. Acepto con amor su condición y reafirmo mi paz en la espera, mientras disfruto cómo crece a su ritmo personal.

Descarte la impaciencia para siempre y aprenda que su hijo evolucionará de manera distinta, pero que no por ello dejará de darle gozo y felicidad.

Como dice un viejo proverbio japonés: "La mente a veces es muy estrecha para aprender nuevas cosas, pero cada vez que se consigue abrir un hoyo, jamás se vuelve a cerrar". Así funciona la mente de su bebé. Tal vez es un poco estrecha, pero día tras día se desarrolla un poco más y nunca volverá atrás. Disfrútelo, siéntase parte de su crecimiento y permítase tomar esta misión como una oportunidad para aprender junto a él, descubrir y llenarse de pasión y esperanza.

Agote recursos

Manténgase actualizado. Siempre trate de leer algo nuevo, no sólo del síndrome, también acerca de terapias alternativas, autocrecimiento, paz mental, formas saludables de vivir, etcétera. Sintonice su corazón en el canal del amor eterno.

Cualquier recurso positivo alimentará su positivismo y lo hará sentirse satisfecho y en armonía con la naturaleza. Este camino no es aislado; jamás podrá salir adelante si quiere hacerlo solo, para ello necesita, primeramente, el apoyo y la participación de su esposo o esposa; si no lo tiene, sus familiares cercanos y sus amigos podrán colaborar para manejar el estrés.

Muchas veces cometemos el gran error de pensar que nadie nos comprende y preferimos aislarnos para no lidiar con ello, pero una forma de agotar recursos para sobrevivir es tomar lo mejor de todo y todos los que tenemos alrededor. Agotamos recursos cuando mantenemos una relación de amistad vacía. Pensará: "¿Cómo? Bueno, en el camino, va a necesitar de una amiga que no tenga nada serio que decirle; le va a hacer falta alguien que todo el tiempo cuente chistes o tal vez alguien que nunca tuvo hijos y se encargue de ponerla al tanto de la farándula. De vez en cuando, le van a hacer falta esas personas que nunca entenderán qué significa ser un padre especial, y es que, si no fuera por ellas, jamás podríamos desprendernos del inmenso estrés que a veces provocan ciertas situaciones.

Recuerdo que con mi primer hijo me aislé mucho de las personas, porque sentía que nadie sabía lo que estaba viviendo y me dolía mucho sentir que mi hijo no formaba parte del mundo, así que decidí apartarme de él. Pronto descubrí que todas las personas, seamos como seamos, somos productivas para alguien más en determinado momento, y esos que alguna vez me parecieron vacíos, de repente cobraron importancia en mi vida, porque me distraía escucharlos, o quizás esos que se quejaban todo el tiempo me hicieron descubrir que la decisión de ser feliz es personal y no involucra los acontecimientos ni el destino. Descubrí que nunca habrá nadie que pueda sentir lo que yo tengo en el pecho y, pese a todo, reconozco el esfuerzo de los demás por darme apoyo y hacerme sentir bien, aunque a veces no los comprenda. Seguramente, ellos opinan lo mismo que yo.

Dentro de agotar los recursos está tomar toda la información que se pueda, revisarla y elegir lo mejor. Siempre es posible rescatar algo positivo de todo; nunca algo está del todo bien o del todo mal, o sea que mantenga su mente abierta y trate de aprender todo lo que pueda.

Nunca piense: "Misión cumplida", siempre explore un poco más y manténgase atento. Mientras más atento esté, más respuestas tendrá y más fácil será encontrar lo que busca. Hay muchas respuestas a una pregunta y a veces la respuesta que busca la tendrá que escribir usted mismo, en base a todo lo que ha investigado. Ser padre especial es una experiencia personal; nadie tiene específicamente lo que usted busca. Deberá informarse y buscar dentro de usted, confiar y enorgullecerse de todo lo que puede hacer por su hijo.

Nunca crea que sabe lo suficiente acerca de algo

Mantenga la menta abierta, porque nunca sabrá lo suficiente de algo. Cada día se aprende algo más y eso es lo más maravilloso del mundo: el sentirse conectado a los demás y aprender de sus experiencias. El mundo jamás se detiene, y cada vez que gira un grado, alguien tiene algo nuevo que decir o una nueva idea que aportar.

Aprenda que todos somos brillantes en algún sentido de nuestra vida y únase a los mejores. Siéntase uno de ellos y no se detenga nunca. Tómese un descanso cuando lo necesite, pero retome la vida cada vez con más fortaleza y más valor.

Todos los días, póngase el propósito de aprender algo nuevo. No se ponga obstáculos; haga realidad sus sueños sin sentir compromiso con nadie más. Aprenda cuanto quiera, pero no por ello deje de aprender.

Saque provecho de todo lo que encuentre a su paso. Los eventos más sencillos tienen mucho que ofrecer. Conviértase en un aprovechador de la vida; sáquele el jugo a sus caminos.

No se mienta y acepte la realidad con amor

Una vez que haya recibido el diagnóstico clínico acerca de la condición de su hijo, jamás cambiará. No se engañe por amor, no se mienta por temor; todos sufrimos una etapa en la que quisiéramos que todo sea un error. Con mi primer hijo, durante los cinco días en los cuales tardó en llegar el resultado, llegué hasta a imaginarme al doctor pidiéndome disculpas por haberme dado ese horrible pronóstico. Me la pasé revisando cada milímetro de su cuerpo y tratando a cualquier precio de encontrar alguna similitud de sus rasgos con su herencia genética. Fue realmente una sorpresa enterarme de que el diagnóstico dio positivo, y es que, al igual que usted, yo lo miraba y lo veía perfecto, y no me cabía en la cabeza la idea de que algo tan horrible le estuviese sucediendo. Pero después del golpe llegan la resignación y la evolución, porque reconocer que nuestro hijo tiene una condición de vida diferente es una gran evolución espiritual, es un proceso que debe estar libre de engaños y mentiras.

Describo esta experiencia como la agonía del hijo deseado. Son muchos días de muerte lenta, mucho dolor, mucha desesperanza y rabia con la vida, con el mundo, hasta con Dios, pero una vez que aceptamos y dejamos morir esa imagen de quien nuestro hijo debería ser y comenzamos a amar a quien realmente es, renacemos al amor, y tal vez nunca antes hayamos amado igual.

El nacimiento de mi hija fue igual o tal vez más doloroso, pero fue mucho más maduro. Fue una resignación rápida y un renacimiento intenso. Y basada en los resultados, le puedo decir que, mientras más pronto lo acepte, más rápidamente podrá empezar a hacer cosas hermosas por su hijo.

No espere ni un minuto para actuar, no desee que su hijo sea diferente al mundo que le corresponde; todo lo contrario: trate de que sea uno de los mejores. Por la experiencia con mis hijos y otros niños con síndrome de down, hasta me atrevo a decirle que son ángeles de Dios que nacen con una frecuencia menor por lo valioso de su existencia.

Cada día pienso: "¿Y qué tal si esos corazones que a veces nacen enfermos porque no se adaptan al aire de este universo son perfectos para la atmósfera de los Cielos? ¿Y si nuestros hijos se parecen mucho más a Dios que a nosotros? ¿Y si tal vez en otros universos más evolucionados la inteligencia no sea tan importante como la capacidad de amar?". Tal vez aquí sean tachados como IQ por debajo de lo normal, mientras en dimensiones más desarrolladas sean superdotados por CA (capacidad de amar).

Hay muchas maneras hermosas de reflexionar acerca de nuestros hijos, pero la más sabia y la más profunda es aceptar que siempre serán lo más sagrado y maravilloso de nuestras vidas, y no por ello lo serán para los demás. Los milagros hace falta vivirlos para entenderlos; no basta con verlos pasar.

Cita de Reinhold Niebuhr

> *Que Dios me conceda la serenidad para aceptar las cosas que no puedo cambiar, el valor para cambiar las cosas que sí puedo y la sabiduría para distinguirlas.*
> Reinhold Niebuhr

Cada vez que leo estas palabras, recuerdo que sin Dios podremos vivir, pero jamás sobrevivir. La *serenidad* es *la calma y fortaleza ante la adversidad*, y es otro don de amor por el cual tenemos que pedir cada día; difícilmente podremos seguir adelante si no forma parte de nuestras vidas. La serenidad nos da la tranquilidad para aceptar la realidad y la fuerza para estar listos para enfrentar y vencer los problemas; nos permite reconocer en nosotros mismos la fortaleza que nuestros corazones atesoran y la calma para vivir. Al descubrir que a pesar de que nuestra vida no será igual que todas, encierra un valor intenso y demuestra lo poderosos que podemos ser los seres humanos por amor.

El *valor* es *la falta de miedo ante el peligro*, y simboliza el coraje del que debemos armarnos para luchar por hacer cambios que beneficien a nuestros hijos. Debemos ser valientes cuando en el camino nos encontremos con el rechazo, la incomprensión o la antipatía; debemos ser valientes cuando sintamos que tenemos algo importante que hacer o que decir, porque si todos aportamos una pequeña idea cada día, cada día el mundo será un poco mejor para el futuro de nuestros hijos. Debemos ser valientes cada vez que vemos a esos hijos que amamos enfrentarse a un cuadro médico delicado, y también debemos ser valientes para aceptar que hay cosas que jamás podremos cambiar y aprender a vivir con ese peligro latente, y en vez de dejarnos amedrentar por el miedo, aprender a sentir fuerza y llenarnos de pasión por seguir con la lucha.

Y por último, *sabiduría*, que significa *conocimiento divino que otorga prudencia y buen juicio*, y que, sin duda, se convierte en un don, un don de amor que nos envía Dios en el paquete de padres especiales. A veces, la sabiduría será nuestra única arma cuando, ante momentos difíciles, lo único que nos quede sea llenarnos de buen juicio, actuar con prudencia y no dejarnos afectar por el mundo que nos rodea.

Cada día, repita estas tres sabias palabras: *serenidad*, *valor* y *sabiduría*. Cuando menos lo imagine, se habrán convertido en parte de su vida.

Cita de Santo Tomás de Aquino

Cada persona expresa de manera singular y única a Dios.

Santo Tomás de Aquino

Santo Tomás de Aquino expresó intensamente a cada uno de nosotros cuando dijo esta célebre frase, que simboliza ampliamente nuestra hermandad celestial. Todos somos parte de Dios, y si estamos aquí es porque tenemos una misión, un camino y un propósito en nuestras vidas.

Nuestra misión en la vida es la obligación moral que tenemos para aportar algo en nuestro mundo y en los demás. Nuestro camino es el sendero que seguimos mientras ponemos en marcha nuestra misión, y nuestro propósito es el ánimo y la intención que nos engrandece y nos hace sentir orgullosos de nuestra misión, sin importar lo que esta implique para convertirse en una lección de amor.

Los niños y las personas jóvenes y adultas con necesidades especiales también expresan a Dios, y aunque a muchos les cueste creerlo, tienen una misión para la cual han empeñado parte de su conciencias. Estas personas que notamos diferentes a la imagen y semejanza que percibimos de Dios son los hijos más poderosos de nuestro Señor, porque cada día y a cada momento nos recuerdan lo poderosos que pueden ser los seres humanos cuando tienen un propósito, cuando tienen ánimo y cuando enfocan la discapacidad en desarrollar nuevas capacidades y milagros de amor que muchos de nosotros, que nacimos completamente sanos, jamás podremos.

Dios confía en sus hijos especiales. La hermosa misión de mostrar fortaleza, templanza, de crear en los demás sentimientos de reflexión, compasión, deseos de dar y recibir amor...

Tal vez, en nuestros hijos especiales, Dios nos recuerda que no todos nacimos con el mismo fin y que hay algunos que no necesitan cosas que a otros nos parecen esenciales, personitas que quizá nunca tengan la capacidad de reproducirse, porque nunca vivirán las etapas del amor carnal, pero, sin embargo, descubrirán otras experiencias de amor aun más intensas, o harán sentir a quienes estén a su alrededor las más grandes y profundas expresiones de pasión.

Nuestros hijos especiales también son hijos de Dios y lo expresan de manera digna y poderosa, dando a los demás las más intensas oportunidades de reencontrarse con sus sentimientos más puros y hermosos.

Cita de L. Stronell

Me gusta llorar porque así sé que aún
me quedan lágrimas.

L. Stronell

El día que no vuelva a derramar una lágrima por mis hijos, sabré que he perdido la batalla, porque mientras se atesore en mi pecho ese sagrado deseo de luchar por ellos, cada día derramaré una lágrima de amor, otra de esperanza, y tal vez, de cuando en cuando, alguna de desilusión.

Mientras tenga lágrimas, seguirán vivas mis esperanzas, porque quien es incapaz de llorar es incapaz de expresar y abrir su corazón.

Todavía lloro a veces y me conmueve ver a alguien llorar. Pienso que es hermoso sentir que uno siente, porque cuando se muere la ternura, cuando se muere la fragilidad, se muere el amor; y cuando se muere el amor, se acaba todo y tan solo nos resignamos a vivir a la espera del morir.

¡Qué mejor regalo para el padre de un niño autista que ver a su hijo sonreír, que ver a su hijo sentir! Sin duda, el mismo regalo es el mejor para el padre de un niño con síndrome de down o para el padre de un niño con parálisis cerebral u otra condición, o simplemente, para el padre de un niño normal.

No tema al llanto; las lágrimas nacen de lo más profundo de nuestro ser y liberan el alma de las aflicciones, de las emociones; enjuagan los sentimientos internos y los dejan puros, brillantes y llenos de color.

Mientras haya lágrimas, siempre habrá esperanzas.

Olvídese para siempre de las tablas de crecimiento

Despréndase de la necesidad de comparar el crecimiento de su hijo con las típicas tablas que tiene el doctor. Cada día, siéntase dichoso de saber que existe, que está saliendo adelante y que está aprendiendo algo nuevo.

Su vida es especial, y en vez de vivir deseando que su hijo sea como otros, invéntese la felicidad. ¿Qué tal si, a medida que su hijo crece, usted se hace su propia tabla de crecimiento, sin importar los porcentajes en relación a lo que los demás esperan de él?

¿Qué tal si hace, de una posible frustración, un juego de amor y alegría? Cambie la palabra *retraso* por *avance*, y en vez de pensar que su hijo está un tanto por ciento atrasado en alguna actividad, revise sus notas, póngale un porcentaje a su avance y haga que la línea suba y suba; pinte un cuadro como lo hacen los economistas, motívese y motívelo a él. Su hijo siente la fuerza y usted es el único capaz de otorgársela. Nunca olvide que un niño es el fruto de sus vivencias, y sin importar su condición, la fórmula no tiene margen de error. Mientras más lo ame, más amor tendrá él para dar.

Todos los logros merecen celebración y no hay avances pequeños; todos abren la gran puerta a la felicidad.

Haga algo lindo por usted

Algo muy, muy importante: cada día que pase, haga algo lindo por usted. No se encierre en un mundo ajeno, forme parte de la vida y siga soñando. Tome el compromiso de mirarse cada día en el espejo, pintarse los labios o plancharse el cabello.

Busque el tiempo para caminar, hacer ejercicio o comer algo saludable y lleno de vida, como una ensalada de frutas o una deliciosa ensalada fresca.

Su cuerpo y su mente necesitan cariño, y nada justifica que no se sienta hermosa.

Si se siente culpable por abandonar a su hijo por unos momentos o por tener ideas de crecimiento personal, está equivocada. Usted merece sentirse especial e importante de manera independiente.

Aunque sienta que su hijo está estrictamente ligado a usted, aprenda a sacar provecho de las cosas que siente que la agobian. Haga algo lindo por lo cual se sienta orgullosa de su vida y de sus retos, algo que premie sus triunfos y que le diga que puede ayudar a alguien más.

En el camino, siempre se aprende algo nuevo, y todo lo nuevo que usted aprende puede ser un camino o una respuesta para alguien más. Aprenda a compartir, busque un grupo de amigos que vivan sus mismas experiencias y comparta todo lo que pueda. Agote sus recursos y dé lo mejor de sí, pero también trate de conservar a sus amigos, sin importar por qué antes estuvo estrechamente apegada a ellos. Aprenda a liberarse de las presiones y siga respirando el aire de los demás. No deseche a quienes parecen vacíos, porque un día cualquiera agradecerá escuchar una conversación sin sentido que la haga sonreír. No deseche a quienes parecen demasiado bulliciosos, porque algún día necesitará a alguien que la haga despertar.

Todos los seres humanos, sin importar nuestros defectos, somos necesarios en la vida de alguien en algún momento, y aún sin saber que hemos hecho algo lindo por ese otro, lo hacemos, porque lo que a veces a unos nos sobra, a otros les falta, y es ese el equilibrio que nos convierte en hermanos.

Siéntase linda por fuera y por dentro, y cada día dedique un tiempo para usted, porque se lo merece.

El sol no sale antes por que despertemos más temprano

Cada cosa a su tiempo. En esta experiencia, nada cambia de la noche a la mañana. Pasará muchos días preguntándose cuándo su hijo va a fijar el cuello, cuándo se podrá sentar, si será capaz de caminar o si algún día podrá hablar, y en muchas oportunidades, sus pensamientos se ahogarán en lágrimas y las dudas y las penas le acosarán hasta en sueños.

Aun así, deberá aprender a llenarse de esperanza, paciencia y pasión. De esperanza cada vez que le duela el pecho por ver pasar un mes más y notar que nada ha cambiado; de paciencia cuando haya un pequeño cambio que no es lo suficientemente poderoso como para llamarse *evolución*; y de pasión cuando le toque celebrar un evento que para muchos significa una inmutable prueba del retraso.

De nada sirve comprar sillitas y tratar de que su hijo se siente si aún no ha alcanzado la fuerza suficiente como para hacerlo, y si trata y trata pese a todo, lo único que conseguirá será frustrarse y ponerlo nervioso a él. Haga a un lado el esquema mental de lo que su hijo debe y enfóquese en todo lo que su hijo puede; disfrute sus logros y tome el propósito de aprender a respirar para oxigenar su conciencia.

Olvídese por completo de los libros que le dicen lo que su hijo debe hacer a cierta edad y, a cambio, cree un diario en el que tome nota de cada cosa que es capaz de lograr. Para mí ese es y será siempre el mejor aliciente, porque cada vez que reviso esa información, recuerdo lo fuertes y perseverantes que son mis hijos, pese a su discapacidad.

Hay cosas que su hijo podrá hacer tarde o temprano, y hay otras que tal vez estén fuera de su alcance para siempre, pero, por otro lado, existe un nuevo mundo a su favor, porque dentro de su universo hay nuevos sueños, nuevas metas y muchas cosas aún desconocidas que irán abriéndose paso para demostrarle que siempre hay algo a cambio.

Dígase siempre la verdad y reconozca el valor del esfuerzo. Los caminos son a veces más satisfactorios que las metas, porque una vez que vemos materializado lo que tanto soñábamos, rápidamente nos olvidamos de todo el esfuerzo que implicó el haber llegado hasta ahí.

Cada día, la naturaleza prepara un amanecer perfecto, y aunque la luna esté brillante, siempre sale el sol, y aun así, siendo el sol el más poderoso, no puede evitar que las nubes se desmoronen y se conviertan en lluvia, y cuando se lo propone, lucha fuerte y nos regala a cambio un arco iris de esperanza.

La misma experiencia será la que viva muchas veces cuando sienta que el sol se ha escondido para usted, y en el momento más oscuro y menos esperado reconocerá en el cielo un arco iris inmenso que convierte la tormenta en el ansiado día de sol que tanto esperaba.

Todo llegará en el mejor momento, y el mejor momento será cuando su hijo esté listo para dar un nuevo paso, aprender algo nuevo o ser un poco más fuerte que ayer.

Apóyelo, mímelo, cárguelo, acarícielo y celebre su vida con amor, y cada vez que lo vea hacer algo nuevo, regocíjese en su pasión por vivir, por crecer y ser feliz.

La oración es la confesión y la comunión de uno mismo

No hace falta tener un dios específico para orar, porque dentro de nosotros tenemos a alguien poderoso que para desahogarse y volver a armarse de valor necesita comunicarse con su esencia y elevar su conciencia para ser escuchado.

La oración es el encuentro más perfecto de nosotros con nuestro verdadero yo. Cuando nos damos un espacio en silencio y nos conectamos a nuestros temores, nuestros deseos y nuestras metas, conseguimos entrar en contacto con nuestro dios, porque, de cierto modo, sentimos que existe, que nos escucha y que hace cosas hermosas por nosotros.

Cada vez que oramos, liberamos la tensión y perdemos el miedo, relajamos el corazón y volvemos a creer que los milagros existen y que no significan carne ni huesos.

La oración es la meditación de la conciencia, y cada vez que somos capaces de confesarnos con nosotros mismos y de reconocer nuestros temores, somos capaces de superarlos, luchar por nuestros sueños y hacer la comunión entre lo que queremos y lo que podemos.

Quien pasa la vida sin darse un momento para escuchar su propia voz no sabe vivir. Ser un padre especial enseña a sentir la necesidad de creer en algo superior que permite vivir esta experiencia como un sacrificio de amor que hace que el mundo se vuelva más sabio, más piadoso y más amplio.

Cada vez que abraza fuerte a su hijo y siente que tiene su vida entre sus brazos, usted está orando por él; cada vez que lo carga, mientras percibe su humanidad dormida y su alma viva, está orando por él; cada noche, cuando su corazón le exige que lo encomiende a ese dios en el que cree, está orando por él; a cada minuto del día, cuando lo ama pese a la circunstancia a la cual lo enfrenta la vida, está orando por él.

A veces, los ángeles olvidan cargar sus alas

¿Cómo se imaginan ustedes a los ángeles? Yo me los imagino gorditos, llenos de rollitos, con unas caritas redondas y una sensación de pureza y de amor incondicional. ¿Se ha puesto alguna vez a pensar si uno de esos ángeles al cual cada noche le rezamos mientras somos niños es profesional, arquitecto, psicólogo, astronauta, o si su intelecto es superior al nuestro? Yo, desde que recibí en mi vida a dos ángeles, jamás lo había analizado. Y es que lo que nos hace amar a los angelitos no es su preparación intelectual ni su destreza física, ni su físico perfecto; lo que nos inspira a orar para pedirles que no nos desamparen ni de noche, ni de día es la magia y la inocencia que nos hacen sentir. Quizás, en el fondo de nuestro corazón, siempre pensamos que los ángeles probablemente no existen, pero también siempre hemos tenido la esperanza de que estén allí, que siempre estén junto a nosotros y que nos protejan, nos amen y nos acompañen como una fuerza sobrehumana que nos mantenga seguros en las peores circunstancias.

¿Por qué no creer que todos los niños del mundo son ángeles de Dios? ¿Por qué no soñar con que aquellos que son discapacitados de mente vienen aun más capacitados para amar y enseñar lo maravilloso y mágico del amor? Sencillamente, ¿por qué no creer que Dios nos premió con seres de luz, faltos de capacidades físicas y llenos de aptitudes de amor?

Nadie puede evitar ser tocado por un ángel de Dios, y hay que ser demasiado insensible para no sentirse conmovido o enternecido cuando se toma entre los brazos un niño cualquiera o un eterno niño especial. La diferencia entre ambos es que el niño regular, bien formado, mañana se convertirá en el hombre piadoso, bondadoso y amoroso al que un día le enseñaron que en este mundo de Dios, cada ochocientos nacimientos llega al mundo un bebé con síndrome de down; cada ciento cincuenta niños, uno es diagnosticado con autismo; y a cada minuto se descubre cómo miles de desórdenes genéticos y condiciones de vida diferentes nos demuestran lo lejos que estamos de conocer los designios de Dios y lo importante de amarnos, aceptarnos, respetar y glorificar la vida en todas sus expresiones.

Ese niño al cual usted mira hoy y lo siente tan lejos de su realidad puede ser su hijo, su nieto o la persona más especial de su vida o de uno de los suyos el día de mañana. Ame sin condición, ame sin prejuicios, ame con el corazón.

Gracias por amar a nuestros hijos especiales y los más especiales hijos de Dios.

Un síndrome o una condición no significa una regla

Ser padre de un niño especial por segunda vez me deja ver una importante lección en la vida: *un síndrome o una condición no hace una regla.* Siendo la mamá de dos niños con necesidades especiales, con la misma condición y que comparten la misma sangre, me atrevo a decirle: cada uno es un ser humano individual que crece a su ritmo y se desarrolla en su espacio. A pesar de que a veces comparo su desarrollo, me sorprende ver lo independiente de sus actividades, de sus fortalezas y de sus debilidades.

Esta es una importante información para cualquier padre: la confirmación de que los clichés que tenemos grabados en el inconsciente con respecto a cada condición son solamente eso; obviamente, hay información que debemos conocer y tendencias que nos indicarán las necesidades de nuestros hijos, pero, definitivamente, la época en que nuestros niños eran tachados de manera ignorante e inescrupulosa ya no existe más.

Su hijo merece ser tratado con respeto y con dignidad. Recientemente, tuve el gusto de leer en Estados Unidos la noticia de que, a partir de la fecha, se ha cambiado el título *retraso mental* por *limitación del desarrollo intelectual*. Cualquiera que lo lea y no sea padre de un niño con discapacidad pensará que somos ridículos al querer que estos pequeños cambios se realicen; sin embargo, esa pequeña diferencia les da a nuestros hijos una mejor imagen y su autoestima se refuerza en la compresión y la empatía de los demás.

Entre mis dos hijos, Emir, al ser el primero, se ganó toda mi ternura y en algunas oportunidades lo hice víctima de mis temores; me daba miedo sentarlo, porque, obviamente, su posición no era normal y lo veía demasiado débil y tierno; cuando se resfriaba, corría al médico para que le asignasen antibióticos, porque tenía un horrible temor de que su sistema respiratorio no se hubiera desarrollado completamente; cuando respiraba fuerte mientras dormía, lo cargaba durante toda la noche para estar segura de que no estuviese a punto de sufrir un ataque por su tendencia a tener problemas en el corazón, y así crié a ese niño, que pese a toda mi inexperiencia, aprendió a sentarse solo a los diez meses, a gatear a los trece y comenzó a intentar caminar a los dieciocho meses. Para sus dos añitos, mi Emir corría como un loco y yo no lo podía creer.

En el penúltimo capítulo del libro que escribí para mi hijo, le pedí a Dios que, como regalo de Navidad, me dejara ver a mi hijo caminar y, créase o no, el 15 de diciembre de 2005, mi hijo dio sus primeros pasitos, pero no creo que Dios haya puesto más fuerza en sus piernas, sino que yo puse más fuerza en mi corazón y me atreví a liberarlo de los impedimentos que le había puesto en mi mente, y lo dejé caminar, porque no tuve miedo a verlo caer si necesitaba de ello para crecer. Esa fue una de las experiencias más reconfortantes, grandes y maravillosas que conservo en mi corazón: el poder de la fe en quienes más amamos, porque Dios no puede hacer nada si no ponemos eso primero: fe y esperanza.

Con mi segunda hija, la experiencia marcó la diferencia. Para este momento, tiene siete meses, y aunque los sentimientos de incertidumbre y pena por ese cuerpecito de algodón fueron los mismos, no nos dejamos vencer. Desde que nació, la pusimos sobre su pancita para que fortaleciera los músculos del cuello y la barriga, la dejamos rodar por la alfombra, le ofrecimos la botella y yo, personalmente, dejé de sentirme única y poderosa, y cedí la oportunidad de que mi esposo también se sintiera responsable de ella y le diese todo su amor.

Tengo el inmenso orgullo de decir que mi hija ya casi se mantiene sentada por sí misma, se pone en la posición de gateo y puede arrastrarse para alcanzar las cosas que quiere. Conoce perfectamente su capacidad para rodar en ambos sentidos y no hay nada que la detenga, y aunque son hermanos, unidos por la sangre y por su condición, son seres humanos totalmente independientes.

Por ese motivo, no se hunda en la depresión comparando a su hijo con un niño que vio hace mil años con la misma condición. Cada día que pasa, nuestros hijos son un poco más capaces que las demás personas que nacieron hace varios años atrás, y es que la inclusión, las terapias, la liberación de las creencias erróneas permiten que ellos sean más afortunados de haber nacido un poco después, y tal vez menos que los que nacerán mañana y contarán con nueva información y nuevas técnicas que posiblemente les ofrezcan mayores oportunidades y mejores servicios de salud.

De cualquier manera, concéntrese en el momento que está viviendo hoy y amé a su hijo cada día más que ayer y menos que mañana.

Lo especial de sus hijos creará en usted poderes insospechados

Mientras más triste o desesperada me siento, más poderosa me vuelvo, y una de las cosas más importantes que he aprendido durante esta bella experiencia es mi capacidad para inventar las cosas que creo les harán falta a mis hijos algún día. Pasé de ser una persona pasiva y conformista a ser una madre exigente que ha decidido dar la cara para que los demás comprendan que la realidad está lejos de todo lo que hemos aprendido.

Cuando esos días terribles se cruzan en mi camino es cuando más fuerte me siento, y la mejor manera para mí es estar aquí sentada, escribiendo. La escritura se ha vuelto para mí como el disfraz de superhéroe, y al igual que Bruno Díaz se mete en su baticueva y sale convertido en Batman, yo me adentro en mis escritos y me convierto en esa madre que quiero ser, esa que se enfrentará a cualquier circunstancia sin miedo, con fe, con esperanza; esa que vence cualquier barrera y cuyo único punto débil será siempre el amor.

A mí me derrite una sonrisa, me emociona un beso de mi hijo, me hace feliz la alegría de mi hija cuando me ve llegar, y lo mismo siento cuando en la calle un niño me dice "Hola" o cuando algún desconocido me escribe un mail o una carta, diciéndome que algún escrito mío le tocó el corazón. Esos pequeños premios de cada día me mantienen viva y sé que nunca moriré si sigo compartiendo el pensamiento y el sentimiento de saberme una madre especial en un mundo en el que muchos padres me acompañan caminando, mientras otros cuantos aún no se atreven a salir.

Nuestros hijos son únicos, maravillosos, grandes y poderosos, porque cuando pasan por un hospital, hasta el más medido de los doctores salta de la emoción cuando han superado una crisis, hasta el más insensible siente la inmensa necesidad de mirarlos con ternura, hasta el más duro se doblega si ellos le dan una sonrisa, porque nacieron para eso, para despertar las almas dormidas y hacerlas sentirse amadas, bendecidas y afortunadas.

En este largo recorrido, conocí a la mamá de una niña con síndrome de down, le regalé una copia de mi primer libro y me devolvió un mail, que decía: "Mi hija no vino a enseñarle nada a nadie. Quien quiera aprender, que se busque otro muñeco", y la verdad es que esas palabras han sido las más duras críticas que he recibido, pero ese grito brusco y desesperado no es ajeno a ninguno de nosotros, porque todos en algún momento renegamos de los demás y nos duele en el alma saber que otros nunca nos entenderán. Después de ese día, abrí una nueva puerta en mi mente y pensé en todos los padres que tal vez lean lo que escribo y, lejos de sentirse identificados, se sientan agredidos y piensen que es imposible aprender a entender a los demás, si los más damnificados con la situación son nuestros hijos y nuestras familias. Sin embargo, lo invito a analizar la idea de hacer a un lado el prejuicio, comenzar por usted mismo, limpiar y sanar su corazón para poder ofrecer un amor puro y sin rencores a los demás. Nadie tiene la culpa de lo que nos ha sucedido y nadie tiene por qué saberlo; es por eso que necesitamos unirnos, luchar por nuestros hijos y sus ideales, e integrarlos, y para eso hace falta *enseñar*, y quiénes mejores que nosotros para que los demás sepan cómo tratar a esos niños especiales que tanto amamos.

Hay muchas formas de aportar y forjar un futuro y nadie puede decirle a usted cuál es la correcta. Todos tenemos la respuesta en nuestro corazón, basados en nuestras actitudes y aptitudes; sin embargo, apremia la necesidad de que sea usted quien demuestre que su hijo *sí es especial,* que usted lo ama, cree en él y está seguro de que tiene mucho para dar. Como usted trate a su hijo, así los demás aprenderán a tratarlo, y en sus manos se encuentra esta gran tarea y responsabilidad para con él.

Usted también es una mamá o un papá con súper poderes; también puede conseguir concentrarse en alguna actividad que lo haga sentir poderoso, y aunque muchas veces nos quitemos el disfraz y volvamos a caer, lamentarnos, sentir tristeza o no saber cómo vivir, a medida que avanzamos en la vida se nos vuelve un hábito sentirnos bendecidos, y un día cualquiera despertamos y comprobamos en el espejo que la máscara forma parte de nuestra carne y de nuestros huesos, y que ya no es más una máscara, sino que se ha convertido en nuestra nueva piel.

Lo único que sé
es que vamos a ser felices

Para estas fechas tengo veintinueve años, una edad bastante temprana para haber concebido dos niños con una condición que se asocia principalmente a la edad avanzada, por el desgaste celular de los seres humanos.

Nada está dicho en la vida, y a pesar de que pienso que sería un gran riesgo volver a desear ser madre, siempre tendré viva la ilusión de volver a cargar entre mis brazos a un hijo que lleve dentro la sangre que, unida, procrea el amor.

Nunca intentaría tener un hijo normal, porque soy incapaz de renunciar a uno especial si sé que lo cargo en mi vientre. Tal vez Dios haya querido que mi destino sea el haberme convertido en una madre especial o tal vez sea simplemente un error de la naturaleza el que en los dos intentos más importantes de mi vida hayan sido afectados los dos niños que más amaré por siempre con todo el corazón, pero ese error es insignificante si a cambio tengo la gracia de poder mirar dentro de sus pechos y reconocer en ellos la perfección; si cuando los tomo entre mis brazos me devuelven una sonrisa de amor; si cuando los miro a los ojos descubro que hay un mundo misterioso allí adentro, lleno de pasión, retos, fantasías y sueños por cumplir.

No tengo opciones, porque los sentimientos negativos no tienen cabida en mi misión, y pese a que en el camino se encuentran palabras de amor y manos cargadas de valor, también hace falta esquivar las críticas negativas y cada día que pasa, luchar por el amor.

Las cartas ya están tiradas y lo único que sé es que, pase lo que pase, vamos a ser felices.

La vida es un propósito, y termino este libro cuando afirmo una vez más mi propósito de amor.

ÍNDICE

Dedicatoria 7

Introducción 13

Primera parte
Reflexiones que desencadena la llegada de Ayelén 15

2 de noviembre de 2006 17

Una nueva alegría en la vida. La segunda oportunidad 21

El amor sigue creciendo 25

Existimos desde siempre 29

Ser perfecto 37

Luchando juntos 41

Los sueños de hoy serán los retos del mañana 45

Todos tenemos un pasado, un presente y un futuro 49

Todos estamos en el mismo nivel 53

El amor nos permite ver la vida de otro color 57

Qué hacer cuando alguien enfrenta tus decisiones 61

Las etiquetas reprimen el amor 65

Siempre habrá tormentas y siempre volverá la calma.
  Hoy nació Ayelén   69

Acepto tu vida con amor   73

Soy optimista   77

Los sueños forman parte de estar despierto   81

Segunda parte
Poemas de amor y cartas de esperanza   83

Promesa de amor   85

Soy un padre especial   87

Carta de amor para mi amada Ayelén   91

La primera pregunta:
  "Mamá, ¿qué es el síndrome de down?"   93

La segunda pregunta:
  "Mamá, ¿a quién me parezco yo?"   95

La tercera pregunta:
  "Mamá, si tuvieras una segunda oportunidad,
  ¿me elegirías una vez más?"   99

La cuarta pregunta:
  "Mamá, ¿por qué llegué a ti?"   103

La quinta pregunta:
  "Mamá, ¿qué sentiste cuando yo nací?"   105

La sexta pregunta: "Mamá, ¿eres feliz?"   109

La séptima pregunta:
  "Mamá, ¿y si en el camino encuentro a alguien
  que no me ame?"   111

La octava pregunta: "Mamá, ¿seré algún día independiente?"	113
Gracias a ti...	115
¿Dónde estaba Dios?	117
Tercera parte Consejos y apoyo emocional	**121**
Cita de Rabindranath Tagore	125
Depresión posparto más desilusión posparto	127
La liberación del alma regala los mejores manuales de amor	131
La vida no se acaba; apenas comienza	135
Reúna los mejores profesionales para su hijo	137
Conviértase en un padre activista	139
Pregunte todo lo que necesite saber	141
Mejor que una vida de terapias es un camino de amor	143
Cuando se da un paso adelante, nunca se vuelve atrás	145
Agote recursos	147
Nunca crea que sabe lo suficiente acerca de algo	149
No se mienta y acepte la realidad con amor	151
Cita de Reinhold Niebuhr	153
Cita de Santo Tomás de Aquino	155
Cita de L. Stronell	157

Olvídese para siempre de las tablas de crecimiento	159
Haga algo lindo por usted	161
El sol no sale antes por que despertemos más temprano	163
La oración es la confesión y la comunión de uno mismo	165
A veces, los ángeles olvidan cargar sus alas	167
Un síndrome o una condición no significa una regla	169
Lo especial de sus hijos creará en usted poderes insospechados	173
Lo único que sé es que vamos a ser felices	177

Editorial LibrosEnRed

LibrosEnRed es la Editorial Digital más completa en idioma español. Desde junio de 2000 trabajamos en la edición y venta de libros digitales e impresos bajo demanda.

Nuestra misión es facilitar a todos los autores la **edición** de sus obras y ofrecer a los lectores acceso rápido y económico a libros de todo tipo.

Editamos novelas, cuentos, poesías, tesis, investigaciones, manuales, monografías y toda variedad de contenidos. Brindamos la posibilidad de **comercializar** las obras desde Internet para millones de potenciales lectores. De este modo, intentamos fortalecer la difusión de los autores que escriben en español.

Nuestro sistema de atribución de regalías permite que los autores **obtengan una ganancia 300% o 400% mayor** a la que reciben en el circuito tradicional.

Ingrese a www.librosenred.com y conozca nuestro catálogo, compuesto por cientos de títulos clásicos y de autores contemporáneos.